Ludwig Türck

Praktische Anleitung zur Laryngoskopie

Ludwig Türck

Praktische Anleitung zur Laryngoskopie

ISBN/EAN: 9783744653763

Hergestellt in Europa, USA, Kanada, Australien, Japan

Cover: Foto ©Lupo / pixelio.de

Weitere Bücher finden Sie auf **www.hansebooks.com**

PRAKTISCHE ANLEITUNG

ZUR

LARYNGOSKOPIE.

VON

DR. LUDWIG TÜRCK,
K. K. PRIMARARZT IM WIENER ALLGEMEINEN KRANKENHAUSE.

MIT 32 HOLZSCHNITTEN UND EINER STEINDRUCKTAFEL.

WIEN, 1860.
WILHELM BRAUMÜLLER
K. K. HOFBUCHHÄNDLER.

Vorrede.

Mehrere Jahre nachdem ein von Selligue erfundener Kehlkopfspiegel, mit dem Bennati die Stimmritze sah, als praktisch unbrauchbar aufgegeben worden war*), erwähnte Liston**) in seiner Chirurgie (1840) bei Gelegenheit des Glottisödem, dass man die betreffenden Theile mittelst eines kleinen Spiegels sehen könnte, wie sich deren die Zahnärzte bedienen, den man vorläufig erwärmt tief in den Rachen brächte. Im Jahre 1855 veröffentlichte Garcia***) seine schönen, mittelst eines ähnlichen Instrumentes an sich selbst über Stimmbildung angestellten Versuche.

So viel aber bekannt ist, war weder von Liston, noch von Garcia, noch von anderen Seiten der Kehlkopfspiegel wirklich in Krankheitsfällen angewendet worden, oder wurde wenigstens, sollten auch ähnliche Versuche vorgenommen worden sein, ihnen nirgends eine weitere Folge gegeben; welches ohne Zweifel darin seinen Grund hatte, dass die ersten derartigen Versuche, die man, wenn auch an mehreren Personen vornimmt, in der Regel gänzlich scheitern. Man erregt beinahe immer die unerträglichsten

---

*) Trousseau et Belloc traité pratique de la Phthisie laringée etc.

**) A view of the parts may be sometimes obtained by means of a speculum — such a glass as is used by dentists on a long stalk, previously dipped in hot water, introduced with its reflecting surface downwards, and carried well into the fauces. Practical Surgery, London 1840, p. 417.

***) The method which I have adopted is very simple. It consists in placing a little mirror, fixed on a long handle suitably bent, in the throad of the person experimented on against the soft palate and uvula. The party ought to turn himself towards the sun, to that the luminous rays falling on the little mirror, may be reflected on the larynx. Observations on human voice. The London, Edinburgh and Dublin Philosoph. Magaz. Vol. X. 1855, p. 218.

Vomituritionen und gelangt fast nie dazu, etwas zu sehen, wie ich dies in der ersten Zeit meiner Versuche, die ich mit Spiegeln vornahm, welche den ganz allgemeinen Angaben Garcia's ungefähr entsprachen, hinlänglich erfahren habe. Demungeachtet nahm ich mir vor, den Kehlkopfspiegel in Anbetracht der Wichtigkeit, den er für die Praxis haben könnte, wo möglich zu einem allgemein brauchbaren medicinischen Behelf umzugestalten.

Durch vielfältige, schon seit Sommer 1857 an Leichen sowohl als auf meiner Abtheilung des allgemeinen Krankenhauses angestellte Versuche gelang es mir auch wirklich, dem Kehlkopfspiegel eine solche Construction zu geben und eine solche Methode des Verfahrens ausfindig zu machen, dass es dadurch erst möglich wurde, „bei einer grossen Anzahl von Individuen den Kehlkopf und die umgebenden Theile zu untersuchen"*). Ich machte dieses gegenüber den bisherigen misslungenen Versuchen und der herrschenden Ansicht von der praktischen Unbrauchbarkeit des Kehlkopfspiegels ganz neue Factum als Ergebniss meiner Versuche in der Sitzung der k. k. Gesellschaft der Aerzte vom 9. April 1858 vorläufig bekannt, theilte die Grundzüge meiner Methode mit, deren ausführliche (in der Zeitsch. d. Ges. d. Ä. Nr. 26 vom 28. Juni 1858 mit Abbildungen erfolgte) Bekanntmachung ich zusagte und zeigte meine seitdem im Wesentlichen unverändert gebliebenen Kehlkopfrachenspiegel vor**).

---

*) S. Sitzungsbericht der Section für Physiologie und Pathologie vom 9. April 1858, in der Zeitschr. d. Ges. d. Ä. Nr. 17 vom 26. April 1858.

**) Siehe Sitzungsbericht vom 9. April 1858 l. c. Herr Professor Czermak, welcher, von dem Gelingen meiner Versuche in Kenntniss gesetzt, sich im Winter 1857—1858 meine Kehlkopfspiegel zu physiologischen Zwecken ausgeborgt und später (Wiener medicinischen Wochenschrift Nr. 13 vom 27. März 1858) zur Anwendung dieses Instrumentes in der Praxis aufgefordert hatte, sagt (Wien. med. Woch. Nr. 16 vom 17. April 1858): „Im Wesentlichen habe ich diesen Hergang, wenn „auch mit wenigen Worten und vielleicht nicht ausdrücklich genug l. c. (Wien. med. „Woch. Nr. 13) angedeutet, obschon Niemand im Zweifel darüber bleiben konnte, „dass in der That Herrn Dr. Türek das Verdienst gebühre, Garcia's Untersuchungs- „methode wenigstens hier zu Lande zuerst, d. i. seit Sommer 1857, zu medicinischen „Zwecken auf seiner Abtheilung mit Erfolg angewendet zu haben," und erklärt in der Anmerkung, dass er diese „seine Anempfehlung des Kehlkopfspiegels „wesentlich auf Beobachtungen an sich selbst gestützt hatte, dass er „auf die Priorität nirgends Anspruch gemacht habe, und dass diese dem Prim. „Dr. Türek jedenfalls ganz unbestreitbar gebühre."

Seitdem war ich bei fortgesetzter Beschäftigung mit dem Gegenstande in der Lage, der Laryngoskopie vielfache Vervollkommnungen zuzuführen, die ich zum grössten Theil in einer Reihe von Journalaufsätzen bekannt gemacht habe.

Letztere bilden mit den ersten Veröffentlichungen meiner bezüglichen Arbeiten und einigen Zusätzen zu einem Ganzen verbunden den Inhalt der vorliegenden Abhandlung.

Von fremden Leistungen habe ich darin unter steter Anführung der Autoren aufgenommen, was mir von praktischem Werth zu sein schien.

Die Mittheilung der sehr zahlreichen Einzelheiten, die ich alle aus der Erfahrung geschöpft habe, dürfte Jenen willkommen sein, die sich selbst anschicken, laryngoskopische Untersuchungen vorzunehmen; ebenso auch das am Schlusse über Rhinoskopie Beigegebene.

Ich lasse ein Verzeichniss sämmtlicher Veröffentlichungen meiner auf den vorliegenden Gegenstand bezüglichen Arbeiten folgen, auf welche sich in dieser Schrift unter Anführung der chronologischen Nummern bezogen wird.

1. Sitzungsbericht der Section für Physiologie und Pathologie vom 9. April 1858. Zeitschr. d. k. k. Ges. d. Aerzte Nr. 17 vom 26. April 1858.

2. Der Kehlkopfrachenspiegel und die Methode seines Gebrauches. Zeitschr. d. Ges. d. Ä. Nr. 26 vom 28. Juni 1858.

3. Ueber einen Kunstgriff bei der Untersuchung des Kehlkopfes (die künstlichen Stellungen). Zeitschr. d. Ges. d. Ä. Nr. 8 vom 21. Februar 1859.

4. Mittheilungen über einige mit dem Kehlkopfrachenspiegel untersuchte Fälle von Kehlkopfskrankheiten. Zeitschr. d. Ges. d. Ä. Nr. 11 vom 14. März 1859.

5. Der Kehlkopfrachenspiegel und seine Anwendung bei Krankheiten des Kehlkopfes und seiner Umgebungen. (Mit 11 neuen pathologischen Fällen.) Allgem. Wien. med. Zeitung, Nr. 15, 16, 17, 18, 19, 20, 21, 22, 25, 26 vom 12. April bis 28. Juni 1859.

6. Ueber einen Apparat zur künstlichen Beleuchtung und über Untersuchung der hinteren Kehlkopfswand. Allg. Wr. medicin. Zeitung, Nr. 48 vom 29. November 1859.
7. Ueber eine Verbesserung des laryngoskopischen Verfahrens. Sitzungsberichte der mathem.-nat. Cl. der kais. Akad. der Wissensch. XXXVIII. Bd. 1859.
8. Ueber Gewinnung vergrösserter Kehlkopf-Spiegelbilder und über einige Kunstgriffe bei der laryngoskopischen Untersuchung. Zeitschr. d. Ges. d. Ä. Nr. 52 vom 26. December 1859.
9. Ueber ein Instrument zur Abflachung der Zunge. Zeitschr. d. Ges. d. Ä. Nr. 3 vom 16. Jänner 1860.
10. Ueber die Stellung des Beleuchtungsspiegels bei der Untersuchung des Kehlkopfes. Allg. Wr. medicin. Zeitung, Nr. 5 vom 31. Jänner 1860.
11. Ueber einige neuere laryngoskopisch untersuchte Fälle von Kehlkopfskrankheiten. Allg. Wr. medic. Ztg. Nr. 8 und 9 vom 21. und 28. Februar 1860.
12. Ueber ein paar laryngoskopische Instrumente. Allg. Wr. medic. Ztg. Nr. 16 vom 17. April 1860.
13. Beiträge zur Laryngoskopie und Rhinoskopie. Zeitschr. d. Ges. d. Ä. Nr. 21 vom 21. Mai 1860.
14. Laryngoskopische Mittheilungen über Kehlkopfsgeschwüre. Allg. Wr. medic. Ztg. Nr. 25 vom 19. Juni 1860.
15. Notiz zur Rhinoskopie. Allgem. Wr. medic. Ztg. Nr. 33 vom 14. August 1860.
16. Laryngoskopische Notiz. Allg. Wr. medic. Ztg. Nr. 34 vom 21. August 1860.

Die Zeichnungen zu den Holzschnitten und zur Steindrucktafel sind von Herrn Dr. Elfinger angefertigt.

Wien im September 1860.

Der Verfasser.

Inhalt.

	Seite
Der Kehlkopfrachenspiegel	1
Die Untersuchung mittelst des Kehlkopfrachenspiegels	4

A. Allgemeines Verfahren.

a. Die Stellung des Kopfes	4
b. Die Lagerung der Zunge	5
c. Die Regelung der Respiration	6
d. Die Einführung des Spiegels	6
Hindernisse von Seite der Zunge	8
Der Zungenhalter	9
Hindernisse von Seite der Rachengebilde	13
Hindernisse von Seite der Mundspalte	15
e. Ueberwachung des zu Untersuchenden	16

B. Specielles Verfahren zur Untersuchung der einzelnen Theile.

Der Zungengrund	17
Die Vorderfläche des Kehldeckels	17
Der freie Rand des Kehldeckels	18
Die Santorinischen und Giessbeckenknorpel	18
Die Stimmritze	19
Verhältniss des Kehlkopfes zu den Spiegelbildern	19
Der vordere Winkel der Stimmritze	21
Die wahren und falschen Stimmbänder	21
Der Verschluss der Stimmritze	22
Die hintere Fläche des Kehldeckels	22
Lageveränderung der Theile durch die Rückwärtsbeugung des Kopfes	22
Hindernisse von Seite des Kehldeckels	27
Die aryepiglottischen Falten und die benachbarten Gruben	27
Der obere Abschnitt der hinteren Kehlkopfswand	28
Die unterhalb der Stimmritze gelegenen Theile	30
Die Theilungsstelle der Luftröhre	31
Die hintere Luftröhrenwand bis zur Theilungsstelle	31

	Seite
Die Seitenwände und die vordere Wand der Luftröhre	32
Die Bronchien	32
Hindernisse für die Untersuchung der tiefer gelegenen Theile	32
Der Pharynx und die Gaumenbogen	33
Künstliche Stellungen des Zungenbeines und des Kehlkopfes	33
Functionelle Störungen	36

Die künstliche Beleuchtung mittelst des Ruete'schen Augenspiegels 38
    Die Vorrichtungen von Czermak, Stellwag, Semeleder 38
    Mein Beleuchtungsapparat 39
    Brennweite, Durchmesser und Stellung des Beleuchtungsspiegels 41
    Vornahme einer Untersuchung 45
    Untersuchung tiefer gelegener Theile 46
    Untersuchung bei nach rückwärts überbeugtem Kopfe 47
    Die Lichtquellen 48

Die künstliche Beleuchtung mittelst Glaskugeln und grösserer Concavspiegel 49
Die Untersuchung bei directem Sonnenlicht 51
Die Vergrösserungsvorrichtungen 54
    A. Die Perspectivlupe 54
    B. Die concaven Kehlkopfspiegel 58
Vorrichtung zur Fixirung des Kehlkopfspiegels 60
Die Untersuchung mittelst der durch die Tracheotomie gesetzten künstlichen Oeffnung 62
Die Rhinoskopie 64
    Der Zäpfchenhalter 65

Verbesserungen:

Seite 19 Zeile 4 von oben statt $O\,a''\,v$ liess $O\,x''\,v$.
„ 24 „ 1 „ „ „ „Querschnitte" liess „Durchschnitte."
„ 25 „ 23 „ „ nach Stellung δδ' einzuschalten: „bei welcher die Spiegelfläche nach vor- und aufwärts gekehrt ist".
„ 25 „ 24 „ „ „ „Spiegelstellungen nur" liess: „Spiegelstellungen meist nur."

Der Kehlkopfrachenspiegel.

Nach den Beschreibungen, die Liston und Garcia von ihren Spiegeln gaben, bestanden diese aus dem eigentlichen Spiegel und einer Handhabe. Ueber die Gestalt des eigentlichen Spiegels sagen sie nichts Bestimmtes. In der Sitzung der Gesellsch. d. Aerzte vom 9. April 1858 zeigte ich die von mir construirten Spiegel vor, die ich Kehlkopfrachenspiegel nannte, und von denen sich im Sitzungsprotocoll (l. c. 1) die folgende Beschreibung gedruckt findet.

„Die Spiegel bestehen aus dem eigentlichen länglichen gut abgerundeten kleinen Spiegel, aus einem unter einem stumpfen, durch die Weichheit des Metalles veränderlichen Winkel, angesetzten geraden Stiele und einem die Verlängerung des letzteren vorstellenden Griffe." Bald darauf hatte ich die länglichrunde Form in eine ciförmige umgestaltet und noch die kreisrunde hinzugefügt. In meiner grösseren im Juni 1858 veröffentlichten Abhandlung (l. c. 2) waren bereits Fig. 2—4 und 6—9 der vorliegenden Abbildungen erschienen. Später liess ich noch zwei grössere Spiegel (Fig. 1 und 5) anfertigen.

Ich benütze, wie Liston und Garcia, einen Glasspiegel, in einer möglichst schmalen Packfongfassung. Um der schnellen Abkühlung zu begegnen, machte ich zuerst den Versuch bei einigen meiner Spiegel eine Zwischenlage eines schlechten Wärmeleiters, wozu ich Asbest wählte, anbringen zu lassen (l. c. 8); ich habe jedoch noch keine hinreichenden vergleichenden Versuche mit diesen Spiegeln angestellt, um über den Werth dieser Einrichtung urtheilen zu können.

Die Grösse meiner Spiegel ist eine verschiedene, sie entspricht jener der Abbildungen. Bei den länglichrunden beträgt die Längenaxe

8½—14 Wiener Linien, der grösste Breitendurchmesser 5′′′— 9′′′, die runden haben einen Durchmesser von 6′′′—10′′′.

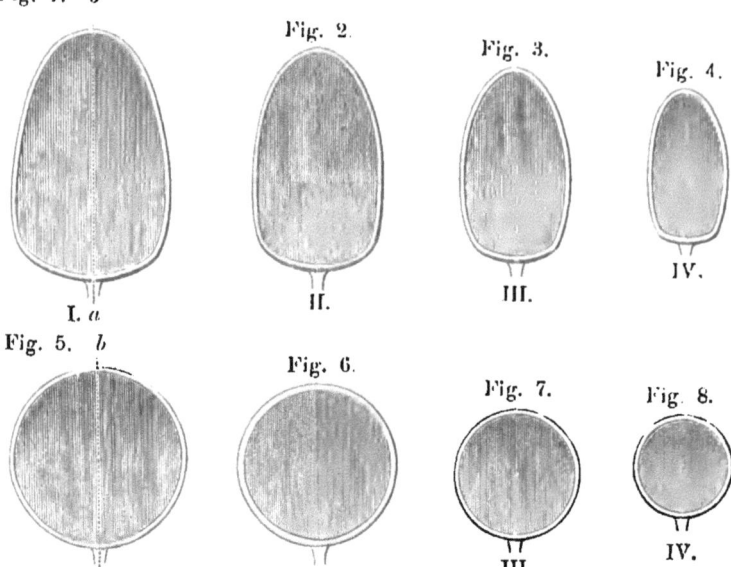

Fig. 1—8 der eigentliche Spiegel von der spiegelnden Fläche aus gesehen; *a* Ansatzstelle des Stieles oder Basis des Spiegels; *b* Spitze; *a b* Längenaxe des Spiegels.

Liston und Garcia sprechen nur von einem langen passend gekrümmten Stiel (a long stalk, a handle suitably bent), an welchem der Spiegel befestigt ist.

Soll aber ein Kehlkopfspiegel praktisch brauchbar sein, so muss er einen geraden Stiel, und einen geraden, die Verlängerung dieses letzteren vorstellenden Griff besitzen und es muss der Stiel an dem eigentlichen Spiegel unter einem constanten Winkel (Ansatzwinkel) von bestimmter Grösse angefügt sein. Diese ganz wesentlichen Eigenschaften habe ich zuerst ermittelt und bis auf die Grösse des Winkels in der Sitzung d. Gesellsch. d. Aerzte vom 9. April 1858 bekannt gemacht und an meinen daselbst vorgezeigten Spiegeln demonstrirt (l. c. 1). Stiel und Griff müssen aber hauptsächlich aus dem Grunde gerade sein, weil sich sonst die bei der Schiefstellung des Spiegels erforderlichen Rollbewegungen nicht gehörig vornehmen lassen (s. unten).

Der Stiel meiner Spiegel ist aus Packfong, am Griff mehr als 1 Wiener Linie, am Ansatzwinkel weniger als 1′′′ dick, so dass er einen beträchtlichen Widerstand zu leisten vermag und man andererseits für seltene Fälle dennoch den Ansatzwinkel ändern kann. Er ist ungefähr 3 Zoll lang und ebenso lang der hölzerne Griff.

Die Grösse des Ansatzwinkels, welche beinahe unverändert dieselbe geblieben war, wie an meinen am 9. April 1858 vorgezeigten Spiegeln, habe ich erst in meiner ausführlicheren Veröffentlichung (l. c. 2, vom 28. Juni 1858) nach zahlreichen vergleichenden Versuchen genau, und zwar von 120 — 125 ° angegeben. Ich bin dabei geblieben, da ich in äusserst zahlreichen Fällen stets bei diesem Winkel mit Erfolg untersuchte. Für seltenere Fälle lässt er sich ändern (l. c. 1).

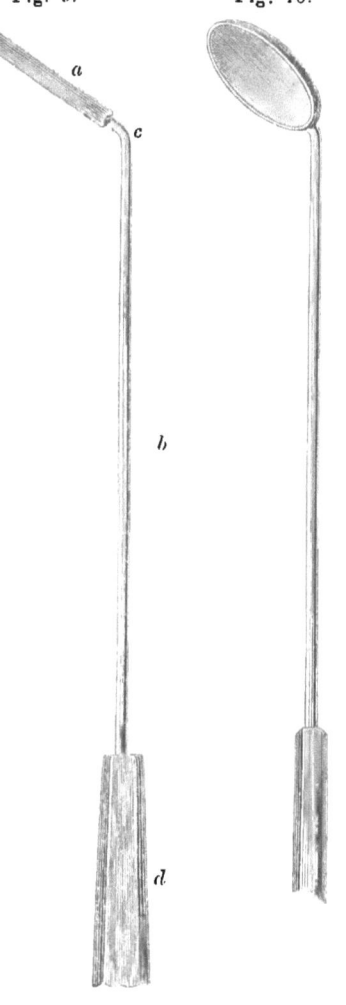

Fig. 9. Fig. 10.

Hinsichtlich der Auswahl der Spiegel versteht es sich von selbst, dass man den grössten, die vertragen werden, den Vorzug gibt. Bei Erwachsenen reicht man mit Nr. I. und III. der runden und Nr. II. und III. der ovalen vollkommen aus; ich bediene mich am häufigsten des runden Nr. I. Die kleinsten Spiegel bedarf man nur bei sehr jugendlichen Individuen, zur Untersuchung der hinteren Fläche der Gaumenbögen, der Mandeln, zur Rhinoskopie.

Bei Spiegeln von noch kleinerem Durchmesser wird die Beleuchtungskraft so gering, dass sie sich nicht mehr verwenden lassen.

Fig. 9 Profilansicht meines Kehlkopfrachenspiegels; *a* der eigentliche Spiegel; *b* der Stiel; *c* der Ansatzwinkel des Stieles an den eigentlichen Spiegel, hier von 125°; *d* der Griff. — Fig. 10 Halbprofilansicht.

Der hiesige Instrumentenmacher S a b a t n e k (Alsergrund 200) und der Mechaniker H a u c k (neue Wieden, Lumpertsgasse 820) verfertigen diese Spiegel nach meiner Angabe.

Die Untersuchung mittelst des Kehlkopfrachenspiegels.

A. *Allgemeines Verfahren.*

a) **Die Stellung des Kopfes** (l. c. 5). Der Kopf des auf einem Stuhle sitzenden oder selbst stehenden Kranken kann entweder gerade gehalten oder mehr weniger nach rückwärts gebeugt werden. (Ueber die Wahl der Kopfstellung nach speciellen Zwecken der Untersuchung wird später gehandelt werden.) Er wird entweder frei gehalten, oder kann unterstützt werden. Dr. Lewin erwähnt eines von ihm zum Fixiren des Kopfes in allen beliebigen Stellungen gebrauchten Apparates. Es würden sich zu diesem Behufe ähnliche wie die früher von den Photographen gebrauchten Vorrichtungen empfehlen. Wenn es sich blos um die Untersuchung handelt, ist das Fixiren des Kopfes selten nothwendig.

Durch den Spiegel wird der zu besehende Theil beleuchtet, und zugleich sein Spiegelbild reflectirt, wie schon Garcia angibt. Der Spiegel muss daher selbst durch das in die Mundhöhle einfallende Licht getroffen werden. Wenn er bei Besichtigung des Innern vom Kehlkopfe an den unteren Abschnitt des weichen Gaumens, an das Zäpfchen und nach der hinteren Rachenwand zu liegen kommt (s. Fig. I.), so müssen demnach die eben genannten Theile schon vor der Einführung des Spiegels beleuchtet sein, ein Umstand von der grössten Wichtigkeit, durch dessen Ausserachtlassung die Untersuchung häufig scheitert. Wenn man sich zur Untersuchung des directen, nicht reflectirten Sonnenlichtes bedient, so muss demnach die Stellung des Kopfes nach jener der Sonne wechseln; bei tiefem Stand der letzteren hat er eine mehr gerade Stellung einzunehmen, bei hohem Stande dagegen lässt man ihn stark nach rückwärts beugen. Dabei kann man sich bei nicht sehr stark nach hinten überbeugtem Kopfe, ziemlich zur Richtschnur dienen lassen, dass der Rand des von der oberen Zahnreihe gebildeten Schattens auf den untern Abschnitt des weichen Gaumens zu fallen habe, so dass die Gaumenbögen und das Zäpfchen noch beleuchtet werden.

Der Kopf darf, abgesehen von besonderen Zwecken der Untersuchung, weder um die Längenaxe des Halses rotirt noch seitlich geneigt sein, so dass seine Medianlinie stets in die Verlängerung jener des Rumpfes fällt. Der Anfänger, welcher diese Regel nicht beachtet, findet sich schwer zurecht, es entstehen unsymmetrische Bilder, ähnlich wie beim schiefen Halse, wobei, insbesondere wenn sich Skoliose der Kopfknochen damit combinirt, eine wirkliche Ungleichheit der beiden seitlichen Hälften auftritt.

Der gerade vor dem zu Untersuchenden sitzende oder bei stark nach hinten überbeugtem Kopfe stehende Beobachter regulirt die Stellung des Kopfes vor und nach Einführung des Spiegels mittelst der einen, je nach Umständen den Kopf nur zu wiederholten Malen momentan oder länger berührenden Hand.

b) Die Lagerung der Zunge (l. c. 1, 2, 5). Um Raum in der Mundhöhle zu gewinnen, fordere ich den zu Untersuchenden auf, die Zunge herauszustrecken. Vielen gelingt dies so wie auch das Abflachen recht gut, bei Einzelnen indem man sie auffordert den bei schon hervorgestreckter Zunge weit geöffneten Mund mit der äussersten Anstrengung noch weiter zu öffnen, mit welchem forcirten Aufsperren des Mundes sich sodann ein forcirtes Hervorstrecken der Zunge combinirt; sehr häufig dagegen wälzen sie fortwährend die Zunge nach aufwärts.

Andere strecken sie heraus und flachen sie ganz gut ab, so wie man aber mit dem Spiegel nur in die Mundhöhle dringt, ziehen sie jene zurück, und thürmen sie auf; unter diesen Umständen gelingt es zuweilen, eine erträgliche Abflachung zu erreichen, wenn man solche Individuen öfter wiederholt einen Ton oder das A lange, d. h. durch viele Secunden ununterbrochen aushalten lässt. Nur ausnahmsweise habe ich die Zunge nahe am Grunde, in der Mitte, oder an der einen Hälfte mittelst des Zeigefingers, oder eines gitterförmigen spatelähnlichen Instrumentes oder der vom Primararzt Dr. Herzfelder zu diesem Zwecke vorgeschlagenen Kniespatel mit Erfolg comprimirt. Dr. Störk empfahl (Zeitschr. d. Ges. d. Ä. Nr. 51, 1858) die Zunge von dem Kranken selbst mittelst zweier in ein Handtuch gehüllter Finger niederdrücken zu lassen. Es nützt auch mitunter, wenn man die vorgestreckte Zunge so weit als möglich mit einem Tuch bedecken lässt, welches sodann an den beiden herabhängenden Theilen, nahe an der Zunge durch den zu Untersuchenden ergriffen und nach abwärts gezogen wird; häufig entgleitet sie jedoch. Wenn der Kehlkopf kräftig nach abwärts gezogen wird, ist es nicht möglich den Zungenrücken aufzuthürmen. Jenes gelingt nur sehr selten durch

Herabdrücken der oberen Incisur des Adamsapfels und ist daher zum praktischen Gebrauch nicht verwendbar.

Mehrere Individuen bieten wieder einen ganz andern Uebelstand dar, indem sie zwar die Zunge weit hervorstrecken, und zu einer nach oben stark concaven Rinne aushöhlen, jedoch dieses Hervorstrecken schon, oder die geringste Berührung, wohl auch die blosse Annäherung des Instrumentes genügt zur Erzeugung heftiger Vomituritionen. Gelingt es in solchen Fällen nicht, das Uebermaass des Hervorstreckens und Aushöhlens der Zunge zu beschränken, so muss man selbe in der Mundhöhle ruhen lassen. (Ueber den Gebrauch des Zungenhalters s. unten.)

c) Die Regelung der Respiration (l. c. 1, 2, 5). Sehr viele Personen unterbrechen bei, oder schon vor Einbringung des Spiegels die Respiration, wobei durch die später eintretende Athemnoth die Untersuchung vereitelt wird. Ich lasse daher häufig bei geöffnetem Munde, und, wo thunlich, vorgestreckter Zunge den zu Untersuchenden vorläufig durch viele Secunden und auch länger regelmässig respiriren. Auch wenn man zur Abflachung der Zunge anhaltende A-Laute nehmen lässt, muss man sorgen, dass dazwischen gehörig inspirirt werde. Ebenso muss man während der eigentlichen Untersuchung fortwährend auf die Unterhaltung der Respiration Acht haben.

d) Die Einführung des Spiegels (l. c. 2. 5). Sie ist erst nach den bisher erörterten Vorbereitungen zu unternehmen. Schon Liston schreibt das Eintauchen des Spiegels in heisses Wasser vor. Es ist zweckmässig, nahezu siedendes Wasser in bedeckten Gefässen vorräthig zu halten. Das Eintauchen hat wegen Conservirung des Spiegels nur momentan zu geschehen. Nach dem Abtrocknen muss man sich überzeugen, ob der Spiegel nicht noch unerträglich warm sei, da sonst nicht selten Individuen wiederholt dem tieferen Einführen widerstreben, ohne dabei die zu hohe Temperatur des Instrumentes als Grund namhaft zu machen. Vorausgesetzt, dass man, wie dies bei der einfachsten Benützung des directen Sonnenlichtes der Fall ist, die linke Hand ganz frei behält, kann man sie, um den Kopf des zu Untersuchenden in der Gewalt zu haben, auf denselben legen, während man, wo nöthig, die Oberlippe sammt Schnurrbart mit dem Daumen nach aufwärts schiebt. Lässt sich die linke Hand dagegen, wie dies bei den complicirteren Beleuchtungsmethoden der Fall ist, nur momentan entbehren, so lasse ich die Oberlippe entweder durch einen Gehilfen oder von dem zu Untersuchenden selbst mittelst des kleinen Fingers der quer über das Gesicht gelegten Hand oder mittelst des Daumens nach aufwärts schieben. Nun führe ich den mit der rechten Hand nach Art einer Schreibfeder gehaltenen Spiegel in der Nähe des linken Mundwinkels ein, wobei ich, was für die Sicherheit der nachfolgenden Manipulationen unerlässlich ist, die Rückenfläche der letzten zwei oder drei Finger an das Kinn fest anstütze. Indem man den Stiel in den Mundwinkel einsetzt, wird nun der Spiegel mit der spiegelnden Fläche nach abwärts, ungefähr parallel und nahe dem Zungenrücken nach rückwärts geschoben, bis der Rücken des eigentlichen Spiegels das Zäpfchen und den unteren Abschnitt des weichen Gaumens aufhebt, und mit seiner Spitze an der hinteren Rachenwand ansteht, („introduced with its reflecting surface downwards and carried well in to the fauces." Liston). Sehr wichtig ist es besonders für den Anfänger und bei mehr reizbaren ängstlichen Individuen, dass dieses Zurückschieben des Spiegels sicher, ruhig und sachte, mitunter ganz ausserordentlich langsam, bis zu einer Minute und darüber andauernd geschehe. Indem sich der Spiegel dem Zungengrunde nähert, bekommt er, wenn seine spiegelnde Fläche immer dem Zungenrücken parallel gehalten wird, schon dadurch unterhalb des Zäpfchens eine der richtigen Stellung sich annähernde Neigung, erst jetzt entfernt man ihn mehr vom Zungenrücken und hebt das Zäpfchen und den weichen Gaumen in die Höhe.

Bei weniger reizbaren Individuen, bei grösserer Uebung, bei Anwendung des Zungenhalters kann man den Spiegel entfernter von der Zunge und sehr rasch nach hinten schieben.

Den Spiegel halte ich dabei (l. c. 1, 2) in verschiedenem Sinne schief, indem sich nicht nur der Griff im linken Mundwinkel befindet, während der eigentliche Spiegel von der Medianlinie des Körpers getroffen wird (Fig. 11), sondern der eigentliche Spiegel auch wieder schief steht, indem (auf das untersuchte Individuum bezogen) seine Basis nach vorne, oben und aussen, die Spitze nach hinten, unten und innen, oder, da sie meist die Medianlinie überschreitet, nach der der Basis entgegengesetzten Seite hinsieht und die spiegelnde Fläche nach ab- und vorwärts zu liegen kommt. Diese Schiefstellung bringt, abgesehen von der durch sie gewährten freieren Einsicht in die

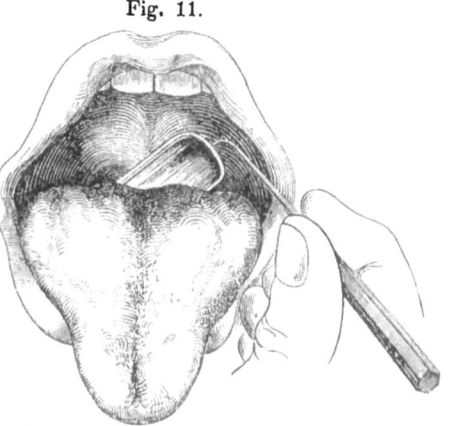

Fig. 11.

Mundhöhle, auch noch den doppelten Vortheil, dass einmal der so eingeführte Spiegel weniger Raum in Anspruch nimmt, und dass man, was von sehr grossem Nutzen ist, durch ein ganz geringes Rotiren des Griffes um seine Längenaxe, und eine ganz geringe Bewegung des eigentlichen Spiegels, der Spiegelfläche augenblicklich eine Stellung geben kann, die sich der verticalen so viel nähert oder sich so viel von ihr entfernt, als man nur immer wünscht.

Dadurch wird es möglich, dass ein Spiegel bei unverändertem Ansatzwinkel des eigentlichen Spiegels an den Stiel dem Bedürfniss der verschiedensten Stellungen genügt.

Um die gehörige Leichtigkeit und Sicherheit jener Rotationsbewegungen zu erlangen, halte ich den Spiegel in der Weise, dass das vordere Ende des hölzernen Griffes zwischen den letzten Phalangen des Zeige- und Mittelfingers zu liegen kommt, während sich dessen hinteres Ende an den Weichtheilen des Mittelhandknochens vom Zeigefinger anstemmt. Daher muss auch der Griff gehörig lang sein.

Will ich den Spiegel sehr langsam nach rückwärts schieben, so fasse ich ihn in der gleichen Weise, jedoch nach Art der schlechten Schreiber, mit stark gebeugten Phalangen, wobei das untere Ende des Griffes nach hinten entgleitet. Durch langsames Strecken der gebeugten Phalangen lässt sich sodann der Spiegel in der Mundhöhle sehr langsam und sicher um ein gutes Stück tiefer einbringen.

Durch die schiefe Stellung des Spiegels wird die Erlangung gerader Bilder nicht erschwert.

Wenn die Zunge gehörig abgeflacht und hervorgestreckt wird, und kein bedeutender Grad von Reizbarkeit zugegen ist, gelingt es oft, in einigen Augenblicken ein Bild von der Stimmritze zu erhalten. Sehr oft wird jedoch die Untersuchung durch das Verhalten der Zunge und der Gebilde des Rachens bedeutend erschwert.

Hindernisse von Seite der Zunge. Wenn es, was häufig der Fall ist, durch das früher angegebene Verfahren nicht gelang, vor der Einführung des Spiegels ein gehöriges Hervorstrecken und Abflachen der Zunge zu erzielen, so führe man ihn demungeachtet ein; hiebei kommt natürlich die spiegelnde Fläche sehr nahe am Zungenrücken zu liegen, und man muss nur sehr langsam vordringen. Meistens gelingt es, die Zunge dadurch ziemlich genügend zum Einsinken zu bringen, dass man den Spiegel einige Zeit, bis etwa eine Minute lang, ganz ruhig in seiner Lage verweilen, oder auch zugleich oft wiederholt einen Ton, den Vocal A, lange aushalten lässt, und so nach und nach vordringt, ohne Rücksicht darauf, dass der Spiegel schon längst durch Erkalten und Verunreinigung mit den Mundsecreten unbrauchbar geworden war, denn es handelt sich nur darum, an den fremdartigen Eindruck zu gewöhnen, und nach einmaliger oder öfterer Wiederholung gelangt man endlich an's Ziel. Auch gelingt es mitunter, dadurch zu beruhigen, dass man durch vorzeitig hingeworfene Aeusserungen über die Schönheit des erhaltenen Bildes u. dgl. glauben macht, das noch ferne Ziel sei schon beinahe erreicht.

Bei Einzelnen erzweckt man ein Niederdrücken der aufgethürmten Zunge dadurch, dass man sie fort und fort auffordert, dieselbe recht weit zurückzuziehen; dabei pressen sie selbe zugleich als einen unförmlichen Klumpen nach abwärts, und die Untersuchung gelingt, was andere Male jedoch nicht der Fall ist. Ueberhaupt gelingt die Untersuchung wenigstens bis zu einem gewissen Grade mitunter bei nicht hervorgestreckter Zunge besser, als bei vorgestreckter.

Mitunter nützt das Niederdrücken der Zunge bei bereits eingeführtem Spiegel mittelst eines Fingers, mittelst einer Spatel, einer Hohlsonde.

Die Untersuchung kann übrigens auch bei ziemlich hohem Stande der Zunge gelingen. Insbesondere ist dies der Fall während einer rasch auszuführenden tiefen Inspiration, während welcher der weiche Gaumen gelüftet wird und sich der Spiegel schnell nach rückwärts, wo thunlich bis zur hinteren Rachenwand schieben lässt (l. c. 8).

Bei beträchtlicher Reizbarkeit, Neigung zu Vomituritionen, ist es öfter zweckdienlich, den Spiegel bei nicht vorgestreckter Zunge einzubringen und hierauf erst die Zunge, jedoch sehr langsam, vorstrecken zu lassen. Die Kranken müssen auf dieses langsame Vorstrecken im Voraus eindringlich aufmerksam gemacht werden.

Mitunter werden intelligentere Individuen durch einen vorgehaltenen Handspiegel schnell darüber belehrt, wie sie sich anzuschicken haben, um die geforderte Abflachung der Zunge zu bewerkstelligen.

Wenn sich nun die beträchtlichen, dem Anfänger oft unüberwindlichen Schwierigkeiten, welche der Kehlkopfuntersuchung von Seite der Zunge erwachsen, durch die angegebenen Kunstgriffe meist entweder völlig oder in der Weise beseitigen lassen, dass es gelingt, eine, wenn auch unvollkommenere Untersuchung vorzunehmen, so lassen sie sich in sehr vielen Fällen viel leichter und vollkommener durch die Anwendung des von mir ausgedachten Zungenhalters überwinden (l. c. 9, 11, 12). Dieses zangenförmige Instrument (Fig. 12) ist bestimmt, die Zungenspitze und einen Theil des Zungenkörpers zwischen seinen beiden Blättern zu fassen. Das obere birnförmige Blatt ist beiläufig in seinen mittleren zwei Drittheilen vollkommen eben und neigt sich nach dem vorderen Ende zu sehr sanft nach abwärts, während es nach dem hinteren Ende zu (bei a) stärker nach abwärts gekrümmt ist.

Ich benütze Instrumente von dreierlei Grössen, am häufigsten das mittlere und kleinste. Mit einer einzigen Grösse reicht man nicht aus. Beim grössten Instrument beträgt die Länge des oberen Blattes (Fig. 13 von a bis b gerechnet) 3¼ Wiener Zoll, die grösste Breite 2″, beim kleinsten die Länge 2″ 8‴, die grösste Breite 1″ 9‴.

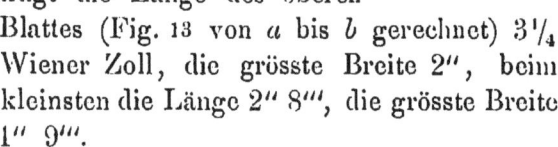

Fig. 12.

Fig. 13 stellt das obere Blatt, Fig. 14 einen Grundriss des unteren Blattes eines mittleren Instrumentes in natürlicher Grösse dar. — Das untere Blatt ist beiläufig um ein Drittel kürzer als das obere, und von gleicher Breite. Es besitzt einen grossen Längenausschnitt zur Aufnahme der Zungenanheftung. Beide Blätter sind an den sich zugekehrten Flächen, und zwar das obere in seinem mittleren Abschnitt der Quere nach oder kreuzweise grob eingekerbt. Auch am unteren Blatte liegt vor und hinter der eingekerbten Fläche eine glatte Stelle.

Zur Verhinderung von Schmerz bei der Anwendung müssen die Ränder der am unteren Blatt durch den Längenausschnitt gebildeten beiden Seitentheile sehr gut abgerundet sein, wohl auch bis zu dem Grade, dass dadurch diese Seitentheile an ihren untern Flächen schwach concav erscheinen.

Aus gleichem Grunde muss das relative Verhältniss der Krümmung beider Blätter ein solches sein, dass beim Festhalten der Zunge die vorderen Abschnitte der Blätter weiter von einander abstehen, als die hinteren. Wenn diese Verhältnisse nicht genau berücksichtigt werden, verursacht die Anwendung Schmerz.

Vom hinteren Ende der Blätter treten die Arme unter einem beinahe rechten Winkel horizontal nach links ab, um sich (Fig. 13, c) rechtwinklig nach rückwärts zum Schlosse zu biegen, von wo aus sie vertical nach abwärts steigen, um in 2 Ringen zu endigen. Da meist der Kranke selbst das Instrument hält, liess ich, um das Einhalten der geraden Richtung (von vor- nach rückwärts) an den Zangenblättern zu erleichtern, jenen Ringen eine solche Stellung geben, dass die Ebene, in der sie liegen, mit der durch die Zangenblätter der Länge nach gezogenen Mittellinie in paralleler Richtung liegt. Behufs der leichteren Handhabung stehen diese Ringe auch bei geschlossenem Instrument beträchtlich von einander ab.

Bei der Anwendung schiebt man, nachdem man die obere Fläche der möglichst vorgestreckten Zunge abgetrocknet hat, das untere Blatt des geöffneten Instrumentes so weit als möglich unter den Zungenkörper ein, während das obere Blatt den Zungenrücken noch kaum berührt, wobei das Hervorgleiten der Zunge zwischen den noch nicht geschlossenen Blättern sehr erleichtert wird, wenn man das untere Blatt durch Eintauchen in Wasser vorläufig benetzt hat. Nun schliesst man mit nicht unbeträchtlicher Kraftanwendung sehr rasch die Zange, senkt sodann ihr vorderes Ende (Fig. 13 b) und drückt dabei die Zunge nieder. Man lässt diese letztere in ihrer Lage, oder zieht sie noch ganz sachte hervor.

Hiebei bleibt die Einsicht in die Mundhöhle völlig frei in Folge der Krümmungen der Zangenarme sowohl,

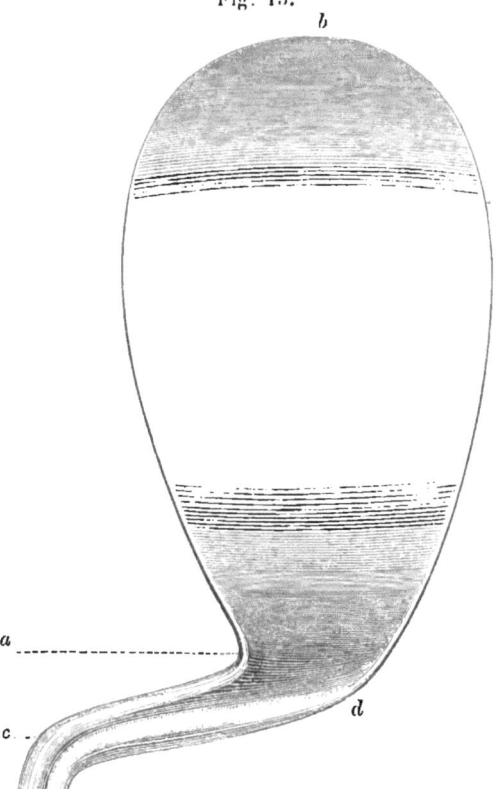

Fig. 13.

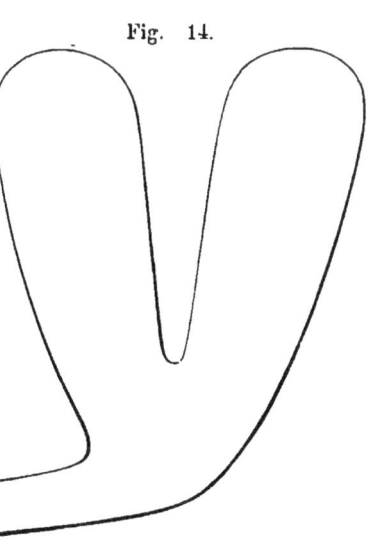

Fig. 14.

als auch jener des hinteren Abschnittes der Blätter (bei a, Fig. 12), durch welche letztere Krümmung insbesondere erzielt wird, dass sich das beim Senken des vorderen Abschnittes der Blätter aufsteigende Knie (d, Fig. 13) nicht über die Zungenfläche erhebt.

Nicht selten wölbt sich der hinter dem Zungenhalter gelegene Theil des Zungenkörpers empor. Dieser Uebelstand lässt sich durch die Wahl eines grösseren Instrumentes, oder wo dies nicht thunlich ist, dadurch beseitigen, dass man das vordere Ende der Zange (Fig. 13, b) sehr kräftig und langsam nach abwärts senkt. Es senkt sich, wenn der Druck ausgiebig genug ist, dabei zugleich der dahinter gelegene Theil des Zungenkörpers.

Nachdem ich das Instrument gehörig angelegt, übergebe ich es, wie schon erwähnt, dem zu Untersuchenden, welcher dasselbe mit der einen Hand nach Art einer Scheere hält, während er mit der zweiten die Oberlippe hinaufschiebt, wenn letzteres nicht etwa einem Gehilfen überlassen bleibt. Dabei ist meist nur geringe zeitweise Nachhilfe von Seite des Beobachters nöthig, um das Instrument in der gehörigen Stellung, und hauptsächlich das vordere Ende gehörig gesenkt zu erhalten. Ebenso ist es häufig nöthig, den Untersuchten öfter wiederholt zum festen Schliessen der Zange zu ermahnen, damit die Zunge nicht entgleite, ferner auch nach Umständen zum langsameren Hervorziehen oder activen Herausstrecken der Zunge aufzufordern.

Durch Concentrirung der Aufmerksamkeit des Kranken auf die Handhabung des Zungenhalters erreicht man zugleich den Vortheil, selbe von den Bewegungen des Kehlkopfspiegels abzulenken.

Da der Druck, den die Zunge durch den Zungenhalter erleidet, sich bei der Grösse der Blätter auf grosse Flächen vertheilt, verursacht dieses Instrument, wenn es gehörig gearbeitet ist, und nur einigermaassen geschickt angelegt wird, gar keinen oder nur einen höchst unbedeutenden Schmerz.

Die Leistungen des Zungenhalters bestehen:

a) in einer sehr beträchtlichen Vergrösserung des Inspectionsraumes, d. i. des Zwischenraumes zwischen Zungenkörper und weichem Gaumen, welche, ungeachtet man nothwendigerweise die Zunge theilweise über die untere Zahnreihe emporheben muss, dennoch durch die Senkung des Vordertheiles der Blätter zu Stande kommt.

b) Lässt sich oft ein vollkommeneres Vorstrecken der Zunge erzielen, als dieses ausserdem der Fall ist. Dadurch entfernt sich aber mitunter der Zungenrücken weiter vom Kehldeckel, mitunter hebt sich letzterer etwas (l. c. 1), wodurch eine freiere Einsicht in das Innere des Kehlkopfes eröffnet wird. Es ist hierbei oft vortheilhaft erst dann, wenn man zur Untersuchung der tiefer gelegenen Theile des Kehlkopfsinnern gelangt ist, die Zunge ganz langsam hervorzuziehen oder, obgleich sie sich zwischen den Blättern der Zange befindet, hervorstrecken zu lassen. Bei Neigung zu Vomituritionen muss man, wie schon früher angegeben, dem Untersuchten ein nur äusserst langsames Hervorziehen oder Hervorstrecken der Zunge nachdrücklich einschärfen.

c) An die Stelle der oft so störenden Bewegungen der Zunge tritt augenblicklich vollkommene Ruhe. Merkwürdig ist auch die mitunter zu erzielende Beschwichtigung der Vomituritionen durch das mit gehöriger Schonung und Umsicht erfolgte Anlegen des Zungenhalters; wogegen in andern Fällen von grosser Reizbarkeit dieses Instrument nicht vertragen wird. Einigemale beobachtete ich Husten als eine durch seine Anlegung bewirkte Reflexerscheinung.

d) Die Spiegelbilder gewinnen durch Anwendung des Zungenhalters häufig viel an Vollständigkeit und auch mitunter merkbar an Lichtstärke (s. unten).

Durch den Zungenhalter wird die laryngoskopische Untersuchung in sehr vielen Fällen so sehr erleichtert und verbessert, dass ich seine Anwendung hiermit dringend empfehle. Durch ihn werden die im Vorgehenden betrachteten Schwierigkeiten, welche der Laryngoskopie von Seite der Zunge erwachsen, meist so leicht und schnell beseitigt, dass ich die vielen von mir schon vor langer Zeit (l. c. 2, 5) zu ihrer Ueberwindung angegebenen Kunstgriffe nur aus dem Grunde hier wieder aufgenommen habe, weil sie einerseits dazu beitragen können, den Leser besser mit dem Gebiete bekannt zu machen, auf dem er zu operiren hat, und er andererseits dadurch in die Lage gesetzt wird, sich auch beim Mangel eines Zungenhalters, oder wo dieser nicht vertragen wird, zu behelfen.

Das Instrument dürfte sich auch zu andern, als laryngoskopischen Zwecken eignen, und insbesondere auch in der operativen Chirurgie einen Platz finden*).

Hindernisse von Seite der Rachengebilde. Häufig findet sich ein solcher Grad von Reizbarkeit am Rachengeinge, dass, wenn der Spiegel in dieser Gegend anlangt, dadurch mehr weniger heftige Vomituritionen, auch Husten hervorgerufen werden. Wenn diese Zufälle auch keinen so hohen Grad erreichen, dass die Unter-

---

*) Dasselbe wird genau nach meiner Angabe vom hiesigen Instrumentenmacher Thürrigl (Alsergrund 205) zum Preise von 4½ fl. ö. W. angefertigt.

suchung unterbrochen werden muss, so führen erstere dennoch häufig einen wichtigen Nachtheil mit sich. Ich habe nämlich die Beobachtung gemacht, dass während der Vomituritionen die Seitentheile des Kehldeckels eine starke Einbiegung erhalten, und sich einander stark nähern, und zwar, wie ich in einem Falle sah, synchronisch mit gegenseitiger Annäherung der Stimmbänder, wodurch der Kehldeckel die Gestalt einer sehr verschmälerten Maultrommel erhält (ähnlich wie auf Fig. 23), und die Besichtigung der Stimmritze gehindert wird.

Da, wie ich häufig beobachtet habe, die Reizbarkeit der einzelnen Gebilde des Racheneinganges, sowie auch der hinteren Rachenwand bei den verschiedenen Individuen eine verschiedene ist, und da hiernach das weitere Verfahren modificirt werden muss, so muss man trachten, sich in dem vorliegenden Falle möglichst bald in Kenntniss zu setzen, welche Partien vorzugsweise reizbar sind, da durch wiederholtes längeres Arbeiten mit dem Spiegel im Racheneingange die Reizbarkeit oft derart gesteigert wird, dass man die Untersuchung abbrechen muss. Hier geben die eigenen Aeusserungen der zu Untersuchenden häufig einen guten Anhaltspunkt, indem sie über Befragen oft ganz richtig angeben, ob bei entstandenem Brechoder Hustenreize der Spiegel zu weit nach auf-, ab- oder rückwärts gebracht worden war. Bei überwiegender Reizbarkeit des weichen Gaumens bediene ich mich öfter der oblongen Spiegel, und setze sie nicht hoch oben ein, bei überwiegender Reizbarkeit der seitlichen und untern Partie des Racheneinganges bediene ich mich eines runden, den ich hoch oben im weichen Gaumen einsetze. Wenn der ganze Umfang des Racheneinganges beträchtlich reizbar ist, was überdies häufig mit Kleinheit der Theile bei jugendlichen Individuen zusammentrifft, muss man die kleineren Spiegel gebrauchen.

Bei beträchtlicher Reizbarkeit der Rachengebilde leistet, wie schon angegeben, der Zungenhalter oft sehr gute Dienste, und führt ein äusserst langsames, völlig unmerkliches, ohne Schwanken ausgeführtes Vordringen des Spiegels mit zeitweisem völligen Stillstand häufig zum Ziele, welches jedoch in einzelnen Fällen nicht zu erreichen ist. Jedoch auch hier kann man nicht selten durch rücksichtsloses schnelles Einführen des Spiegels bis zur hinteren Rachenwand wenigstens eine momentane unvollkommene Ansicht des Kehldeckels, mitunter auch der Stimmritze, erhalten.

Die hintere Rachenwand ist auch mitunter so empfindlich, dass ihre Berührung Vomituritionen oder, was häufiger der Fall zu sein scheint, Husten erregt. Das weniger tiefe Einbringen des Spiegels nach rückwärts gibt jedoch kein absolutes Hinderniss für die Untersuchung ab. In der Regel ist es aber, wenn dies der Zustand der hinteren Rachenwand und die übrigen Verhältnisse gestatten, vortheilhaft, den Spiegel so weit nach rückwärts zu schieben, dass er sich mit der Spitze an die hintere Rachenwand anstemmt.

In sehr vielen Fällen gelingt die Untersuchung rasch ohne irgend Vomituritionen oder Husten zu erregen.

Nicht selten leistet das straff gespannte Gaumensegel dem Vordringen des Spiegels einen Widerstand, den man nur mit bedeutender Kraftanwendung überwältigen kann. Dies gelingt natürlich mit einem kleineren Spiegel leichter, und ich bediene mich in solchen Fällen meist eines kleinen runden Spiegels.

Als ein die Untersuchung durch Raumbeengung erschwerendes Moment ist die Hypertrophie der Mandeln zu erwähnen. Ich bin in einigen Fällen bedeutenden Grades zum Ziele gelangt, indem ich je nach der Grösse des Rachens einen mittleren oder kleinen länglichen oder auch einen runden Spiegel zwischen die Tonsillen einsetzte. Bei einem Manne mit bedeutender Hypertrophie derselben, welche bisher bei den häufig eingetretenen Vomituritionen in sehr störender Weise einander genähert wurden, war dadurch, dass ich ihn während der Untersuchung lachen liess (l. c. 2), eine andauernde Entfernung derselben bewirkt worden, so dass ich die Stimmritze vollkommen gut sah.

Das Vorfallen des Zäpfchens vor die Spiegelfläche verhindert man am leichtesten durch den Gebrauch hinlänglich grosser Spiegel.

Auch die hintere Rachenwand kann der laryngoskopischen Untersuchung ein mechanisches Hinderniss setzen, durch Abseess und andere Geschwülste. In einem Falle wurde mir die Untersuchung durch die in hohem Grade gesteigerte natürliche Halskrümmung unmöglich.

Es ist manchmal erforderlich den Rachen durch Ausgurgeln von den überflüssigen Secreten befreien zu lassen.

Mitunter wird die Untersuchung durch die Kleinheit der Mundspalte, Geschwüre, Narben der Mundwinkel u. s. w. erschwert. In solchen Fällen lässt sich mitunter von knieförmigen Zungenspateln (s. oben) die der Kranke selbst hält, ein vortheilhafter Gebrauch machen.

c) Fortwährende Ueberwachung des zu Untersuchenden. Ich hebe diesen Punkt ganz besonders hervor, weil er in den so zahlreichen schwierigen Fällen ganz wesentlich ist, und an seiner Ausserachtlassung die Anfänger scheitern. Man muss während der ganzen Untersuchung fortwährend auf den Zustand der Zunge und

Respiration achten, den zu Untersuchenden, wo nöthig, fortwährend zum Respiriren und wenn man sich keines Zungenhalters bedient zum Niederdrücken der Zunge u. dgl. ermahnen, man muss theils imponirend, theils beruhigend, scherzend, denselben beherrschen, aber eben so auch sich selbst, indem man nebst dem eben Erwähnten gleichzeitig die gehörige Richtung des Kopfes, den Zustand des Rachens und die Stellung des Spiegels vor Augen haben, endlich auch die etwaige künstliche Beleuchtung reguliren soll. An dem Mangel der dazu nöthigen Ruhe und Umsicht scheitern die Ungeübten.

B. *Specielles Verfahren zur Untersuchung der einzelnen Theile.*

Zur vorläufigen Orientirung möge die Steindrucktafel sowie Fig. 15 dienen.

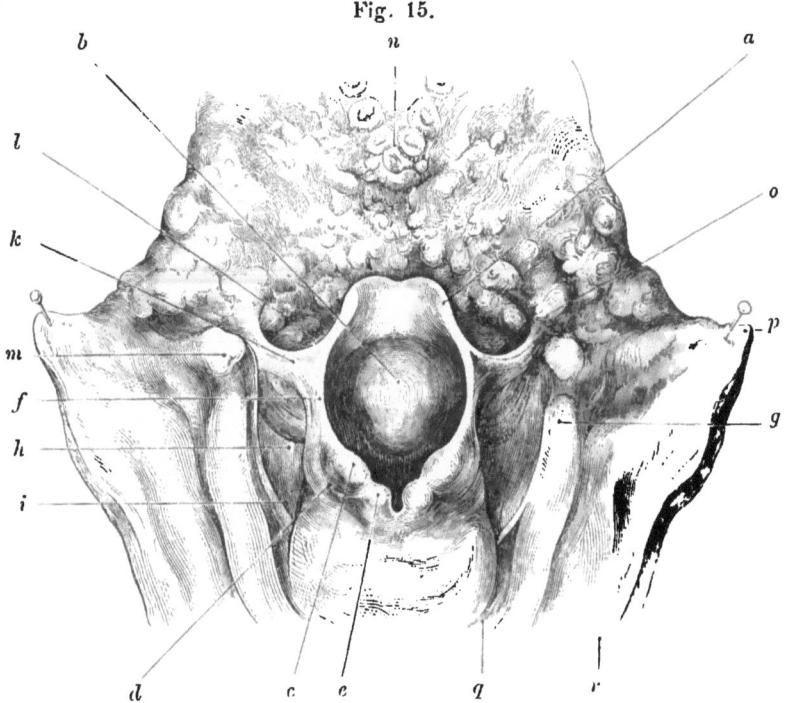

Fig. 15. Ansicht des Kehlkopfes von hinten; *a* freier Rand des Kehldeckels, *b* Theil der hinteren Fläche des Kehldeckels (Santorinischer Wulst), *c* Wrisbergischer Knorpel, *d* Giessbeckenknorpel *(cartil. arytaenoidea)*, *e* der auf seiner Spitze sitzende Santorinische Knorpel, *f* aryepiglottische Falte *(ligam. aryepiglott.)*, *g* oberes Horn des Schildknorpels, *hi* gelblich durchschimmernde Innenfläche der linken Schildknorpelplatte; sie setzt mit den über ihr gelegenen Schleimhautfalten die äussere Wand einer Grube zusammen, deren innere Wand von dem Giessbeckenknorpel,

einem Theil des Ringknorpels und der aryepiglottischen Falte gebildet wird, *k* seitliches Zungenkehldeckelband *(ligam. glossoepiglott. later.)*, *l, m* Zungenbein, *n* wallförmige Zungenwärzchen, *o p q r* rechte Seitenwand und rechte Hälfte der in der Medianlinie aufgeschlitzten hinteren Wand des Oesophagus.

Von vorne nach hinten können der Reihe nach die folgenden Theile gesehen werden (l. c. 2).

Die vordersten Theile, die beim Gebrauch des Kehlkopfrachenspiegels in Betracht kommen, sind der Zungengrund und die vordere Fläche des Kehldeckels. Wenn der Kehldeckel vom Zungengrunde weit absteht, und der zu Untersuchende die Zunge gehörig herausstreckt und abflacht, oder dies mittelst des Zungenhalters geschieht, sind beide in Vorder- oder nahezu Vorderansicht sammt den drei Ligament. glosso-epiglottid. sehr gut zu sehen, indem man einen der grossen Spiegel ungefähr am hinteren Abschnitte des harten und am Beginn des weichen Gaumens hoch oben anbringt, wobei die Spiegelfläche nach unten und vorne sicht, und sich mehr der Horizontal- als der Verticallage nähert.

Ziemlich häufig liegt jedoch der Kehldeckel näher am Zungenrücken und insbesondere schlägt sich die Mitte seines oberen freien Randes (Taf. I. *a*) nach vorne um, so dass er den Zungenrücken nahezu berührt. Dabei wird die hinterste Partie des Zungenrückens auch beim starken Hervorstrecken und Abflachen der Zunge nicht gelüftet.

In diesem Falle lässt sich der Kehldeckel durch Verschiebung des Körpers vom Zungenbein (*q*) nach rück- und aufwärts (s. weiter unten) vom Zungenrücken entfernen und die gewünschte Ansicht beider Theile erhalten. Bevor ich darauf verfallen war, bin ich mitunter, jedoch nicht immer, dadurch zum Ziele gelangt, dass ich bei herausgestreckter Zunge während eines starken Drängens bei stark gespannter Bauchpresse (Nixus) mitunter auch ohne solches das *i*, jedoch nur lispelnd nehmen liess, meist in der Weise, dass im Moment des lispelnden Anschlages sogleich wieder abgebrochen wurde und der zu Untersuchende eine Reihe solcher momentaner Anschläge vornahm, oder auch, dass ich ihn, wenn er intelligent genug war, nur wiederholt die Vorbereitung zu dem angegebenen Lispellaut treffen liess. Durch dieses Verfahren wird der hintere Abschnitt des Zungenkörpers stark gesenkt und wohl hauptsächlich dadurch zugleich Zungengrund und Kehldeckel oft so weit von einander entfernt, dass es gelingt, zwischen durch bis in den Vereinigungswinkel beider (*c*) zu sehen. Wie schon bemerkt, soll der lispelnde I-Laut gerade nur angeschlagen werden, indem nur, wenn sich der Kehlkopf zu seiner Bildung eben anschickt, sich die hintere

Partie der Zunge senkt. Wird derselbe Laut dagegen länger oder nicht lispelnd genommen, so hebt sich der Zungenkörper stark nach aufwärts. Ein geringeres derartiges Aufrichten der Zunge lässt sich leicht, und da es mehr den Vordertheil des Zungenkörpers betrifft, auch ohne Vomituritionen durch einen Fingerdruck überwältigen. Sehr gewöhnlich erhält man, wenn man das zuletzt angegebene Verfahren einhält, nicht sogleich die erwünschte Einsicht, sondern man muss einige Zeit damit fortfahren, oder, nachdem man Anderes besehen, wieder darauf zurückkommen, indem öfter erst hiernach plötzlich die passende Stellung erzielt wird. Mitunter bewirken Vomituritionen oder Husten eine ähnliche vortheilhafte Lageveränderung.

Den Zungengrund und die vordere Fläche des Kehldeckels kann man auch bei weiter nach rückwärts geschobenem Spiegel sehen.

Wenn man den Spiegel weiter nach rückwärts bringt, so gewahrt man meist erst den oberen freien Rand des Kehldeckels mehr von hinten aus gesehen.

Hierauf erscheinen bei weiterem Einschieben ganz nahe unterhalb dieses Randes (Fig. 16) das obere Ende der hinteren Kehlkopfswand oder die Santorinischen Knorpeln sammt der hinteren Wand des Pharynx.

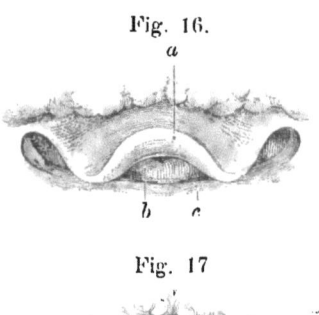

Fig. 16.
Fig. 17

Fig. 16. *a* umgeschlagener Rand des Kehldeckels, *b* rechter Santorinischer Knorpel, *c* hintere Pharynxwand.

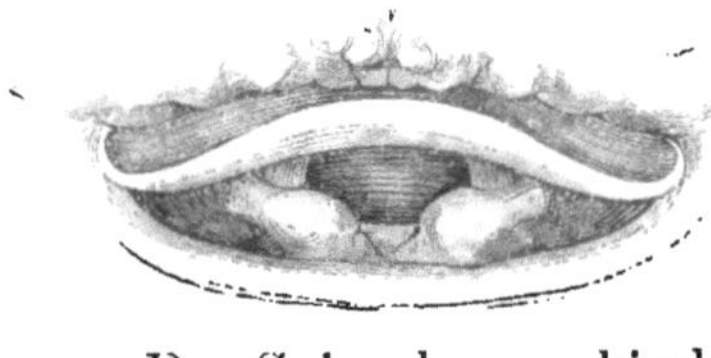

Wenn man den Spiegel noch mehr nach rückwärs schiebt und die Spiegelfläche etwas mehr vertical stellt, gewinnt man Einblicke in das Kehlkopfsinnere und erhält Bilder, wie Fig. 17, wobei die Giesskannen- mit den aufsitzenden Santorinischen Knorpeln durch ihre energischen Bewegungen beim Oeffnen und Schliessen der Stimmritze während des Hüstelns u. dgl. auffallen.

Der Spiegel muss hierbei ungefähr die Stellung *aa* (Fig. I.) einnehmen, wobei man sich gegenwärtig halten muss, dass im Lebenden der Kehldeckel weniger stark nach rückwärts gesunken und somit das Innere des Kehlkopfes mehr geöffnet zu sein scheint als dies in den vorliegenden von der Leiche abgenommenen Abbildungen (Fig. I. und II.) ersichtlich ist. Wenigstens ergab sich dies so bei mehreren von mir an Leichen vorgenommenen laryngoskopischen Untersuchungen.

Wenn die auf die Mitte des Spiegels errichtete senkrechte Linie $\alpha''\, v$ das Einfallsloth darstellt, so wird der Beleuchtungsstrahl $o\, \alpha''$ nach a und f reflectirt werden und so diese Theile beleuchten, wobei der Einfallswinkel $O\, \alpha''\, v$ gleich dem Reflexionswinkel $f\, \alpha''\, v$ sein muss. Zugleich gelangt aber auch (Garcia) das Bild des beleuchteten Theiles f in das in O befindliche Auge, indem die von f nach α'' ausgesendeten Strahlen weiter nach O reflectirt werden. Das Bild erscheint in der Richtung der Linie $o\, \alpha''\, x$ hinter dem Spiegel.

Wenn man nun dem Spiegel abermals eine mehr verticale Lage gibt und ihn mehr nach rückwärts oder nach rück- und aufwärts schiebt, so entfernt sich im Spiegelbilde der Kehldeckel immer mehr und mehr von den Giessbeckenknorpeln, und plötzlich schiebt sich ein grosser Theil der **Stimmritze** dazwischen ein, deren Auffinden für den Ungeübten mitunter erleichtert wird, wenn der zu Untersuchende einen A-Laut anschlägt, hüstelt oder lacht. $\beta\, \beta''$ Fig. I stellt ungefähr eine solche Spiegelstellung dar, bei welcher man, wenn auch nicht in der Leiche wegen des Zurücksinkens des Kehldeckels, so doch am Lebenden ein Bild erhalten kann, wie es Fig. 19 gibt. Zur leichteren Einsicht in das Verhältniss zwischen Gegenstand und Spiegelbild wurde Fig. 18 eingeschaltet, welche einen Theil der Zunge und des Kehlkopfsinnern in derselben Lage darstellt, in welcher sich diese Theile in einem dem Leser gegenüber gedachten Individuum befinden. Wenn demnach der Leser diese Fig. 18 durch einen sich gegenüber gehaltenen und zugleich etwas nach abwärts geneigten Spiegel betrachtet, ist er in derselben Lage, in der er sich befände, wenn er das Kehlkopfsinnere einer ihm gegenüber sitzenden Person mittelst des Kehlkopfspiegels untersuchen würde, in beiden Fällen erhält er das gleiche in Fig. 19 dargestellte Spiegelbild.

Die Bilder erscheinen im Kehlkopfspiegel natürlich verkehrt, was sich am Gegenstand rechts befindet, erscheint am Spiegelbilde links. Der Ungeübte wird sich jedoch leicht zurecht finden, wenn er die Vorstellung festhält, dass die Theile des Spiegelbildes stets an derselben Seite des Beobachters liegen, an welcher sich die durch sie copirten Theile befinden. Was demnach am Beobachteten sich zur linken Hand des Beobachters befindet, copirt sich auch im Spiegelbilde zur Linken des Beobachters. Da nun ebenso gut, wie des Untersuchten rechtes Auge sich auch seine rechte Kehlkopfshälfte zu des Beobachters linker Hand befindet, so wird auch das Bild der rechten Kehlkopfshälfte im Spiegel zur linken Hand des

Beobachters erscheinen. Man darf sich aber, wenn man ein Spiegelbild oder eine darnach angefertigte Abbildung, z. B. Fig. 19 besieht, nur nicht zu der Vorstellung verleiten lassen, als betrachtete man die Abbildung eines von hinten und oben gesehenen Kehlkopfes wie sie annähernd Fig. 15 liefert. Auf diese Art würde man Rechts und Links verwechseln.

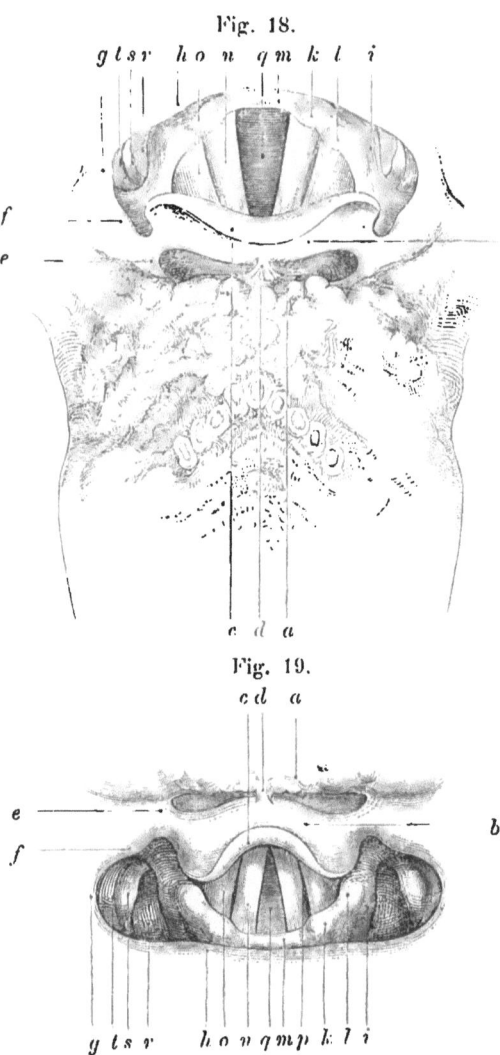

Fig. 18 und 19. *a* Zungengrund, *b* vordere Fläche des Kehldeckels, *c* sein umgeschlagener Rand, *d* mittleres Zungenkehldeckelband *(ligam. glossoepiglottic. med.)* mit den bekannten Gruben zu beiden Seiten, *e* rechtes seitliches Zungenkehldeckelband, *f* rechtes grosses Horn des Zungenbeins, *g* rechte Pharynxwand, *h* hintere Pharynxwand, *i* linke Giesskanne, *k* der ihr aufsitzende Santorinische Knorpel, *l* Wrisbergischer Knorpel, *m* oberer Rand der hinteren Kehlkopfswand *(musc. transversi)*, *n* rechtes wahres, *o* rechtes falsches Stimmband, *p* Mündung des linken Morgagnischen Ventrikels, *q* Stimmritze und in deren Grund die vordere Kehlkopfswand, *r* gelblich durchschimmernde rechte Schildknorpelplatte, welche sammt den ober ihr gelegenen Schleimhautfalten (*st*) die in die äussere Pharynxwand (*g*) sich fortsetzende äussere Wand einer Grube darstellt, deren innere Wand durch die Giesskanne, so wie auch durch das *ligam. aryepiglotticum* gebildet wird.

Das Spiegelbild ist noch in einem anderen Sinne ein umgekehrtes, indem bei einer mittleren Neigung des Kehlkopfspiegels alles, was in Wirklichkeit hinten liegt, im Spiegelbild nach unten, und das am Gegenstand vorne Gelegene, z. B. der Fig. 18 noch unter dem Kehldeckel vorborgene vordere Winkel der Stimmritze, am Spiegelbild nach oben erscheint. Stellt man den Kehlkopfspiegel mehr horizontal, so erscheint der vordere Winkel der Stimmritze am Spiegelbild mehr nach vorne, stellt man ihn mehr vertical, so erscheint der vordere Winkel der Stimmritze am Spiegelbild mehr nach rückwärts.

Im Anfange sicht man nur den hinteren Abschnitt der Stimmritze. Um auch ihren vorderen Winkel, sowie auch die vorderen Enden der Stimmbänder zu sehen, welches beides mir zuerst gelang (l. c. 2), muss man mit dem eigentlichen Spiegel noch mehr nach rückwärts gehen, und zugleich die Spiegelfläche mehr vertical stellen, welches letztere man, wie schon früher bemerkt, durch ein ganz geringes Rotiren des Griffes bewirken kann. Diese angegebenen, bereits wiederholt erwähnten Locomotionen des Spiegels, durch welche man immerfort die mehr nach hinten und unten gelegenen Theile zur Ansicht bekommt, hebe ich ganz besonders hervor, weil sie dem Ungeübten nicht leicht fallen, und er sie gewöhnlich ausser Acht lässt, während er versucht, durch allerhand zwecklose Bewegungen sein Ziel zu erreichen. Wenn man bei zurückgezogener Zunge nur den hinteren Abschnitt der Stimmritze sah, so erscheint mitunter plötzlich auch ihr vorderer Winkel, so wie man die Zunge hervorstrecken lässt.

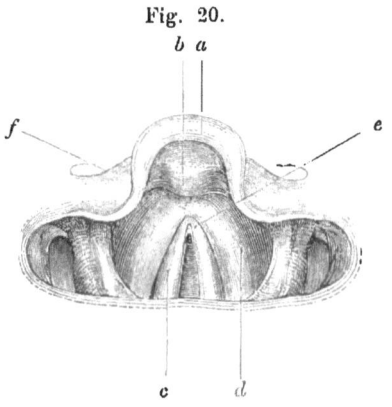

Fig. 20.

Fig. 20 Kehlkopfspiegelbild vom vorderen Winkel der Stimmritze und von der hinteren Fläche des Kehldeckels. *a* der umgeschlagene Rand des Kehldeckels, *b* der Santorinische Wulst an der hinteren Fläche des Kehldeckels, *c* rechtes wahres Stimmband, *d* linkes falsches Stimmband, *e* vorderer Winkel der Stimmritze *(Glottis)*, *f* Abstand zwischen ihm und der hinteren Fläche des Kehldeckels.

Die wahren Stimmbänder fallen durch sehnenähnliche weisse Farbe und Glanz, so wie durch die scharfe Begrenzung ihrer Ränder auf. Sie springen nach der Mittellinie hervor, wenn man einen kurzen oder langen Ton oder das A anschlagen, oder hüsteln, oder drängen lässt; beim anhaltenden Anschlagen des A-Lautes nähern sie sich sehr beträchtlich und erzittern der ganzen Länge nach (Garcia).

Auf diese Weise überzeugt man sich zugleich ob die Stimmbänder normal fungiren.

Nach aussen und über ihnen liegen die falschen Stimmbänder. Sie sind blassröthlich und stechen schon durch ihre Farbe auffallend von den wahren ab. Man kann sie in grösserer Ausbreitung dadurch zu Gesichte bekommen, dass man Drängen oder, was meist leichter zu bewerkstelligen ist, ein ganz schwaches Hüsteln ausführen lässt.

Sie lassen sich dadurch mitunter bis zur vollkommenen gegenseitigen Berührung bringen.

Fig. 21 zeigt den Verschluss der Glottis während eines starken Drängens, wie er sich bei geeigneter Einstellung des Spiegels wahrnehmen lässt. Es ergibt sich, dass hiezu die wahren und falschen Stimmbänder hinreichen und ist hienach die vorgebrachte irrige Vorstellung von einem ergänzenden luftdichten Verschluss zwischen Epiglottis und den Giessbeckenknorpeln zu berichtigen *).

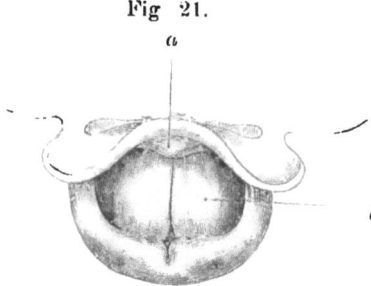

Fig 21.

Fig. 21. *a* der Santorinische Wulst, *b* das linke falsche Stimmband, welches sich bis auf eine kleine, gegen sein hinteres Ende zu befindliche Stelle vollkommen an das der rechten Seite anschliesst und dadurch mit Ausnahme der angedeuteten klaffenden Stelle, die darunter befindlichen wahren Stimmbänder vollkommen verdeckt.

Zwischen den wahren und falschen Stimmbändern erscheinen die Mündungen der Morgagnischen Ventrikel (Fig. 19 *p*) als Längsspalten. Wenn man den Kehlkopfspiegel weit genug nach rückwärts schiebt, und die Spiegelfläche hinreichend vertical stellt, gelingt es öfter bei der geraden Stellung des Kopfes den vorderen Winkel der Stimmritze vollkommen gut zu sehen. Oft ist es dagegen nothwendig, zur Besichtigung des vorderen Winkels der Stimmritze sowie auch zur Besichtigung der hinteren unteren Fläche des Kehldeckels (Fig. 20)

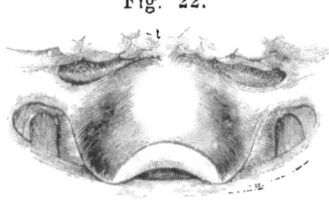

Fig. 22.

den Kopf nach rückwärts beugen zu lassen, und zwar ist letzteres insbesondere dann der Fall, wenn sich der Kehldeckel mehr vom Zungengrunde entfernt, wenn er mehr nach rück- und abwärts steht, so wie dies Fig. 22 darstellt.

Um den Grund davon einzusehen, muss man sich einige Veränderungen der räumlichen Verhältnisse klar machen, welche eintreten, wenn der Kopf aus seiner geraden Stellung wie sie Fig. I darstellt, nach rückwärts gebeugt wird. Eine solche bis zum Extrem getriebene Rückwärtsbeugung ist Fig. II. abgebildet.

---

*) Während der Schlingbewegungen schliesst sich die Glottis durch die Stimmbänder, wie ich dies zuerst mittelst des Kehlkopfspiegels beobachtet habe. (Wiener medic. Wochenschr. Nr. 16, p. 267 vom 17. April 1858.)

Da bei der Rückwärtsbeugung des Kopfes eine Rotation des Schädels um eine horizontale, von rechts nach links unmittelbar unterhalb des grossen Hinterhauptloches gelegene Axe Statt hat, so wird die oberhalb dieser Drehungsaxe gelegene, von dem Basilartheil (*O. b.* Fig. I.) des Hinterhauptbeines gebildete oberste Partie der hinteren Rachenwand stark nach rückwärts treten; dasselbe gilt auch noch von dem durch den ersten und zweiten Halswirbelkörper gebildeten Antheil der hinteren Rachenwand, da mit der Rückwärtsbeugung des Kopfes stets auch eine solche des obersten Abschnittes der Halswirbelsäule verbunden ist.

Der harte Gaumen geräth aus der nahezu horizontalen in eine mehr verticale Lage und der ihm anhängende weiche Gaumen sammt Zäpfchen entfernt sich mehr von der hinteren Rachenwand, ein Verhältniss, welches auf den beiden Tafeln wegen zu grosser individueller Verschiedenheit nicht ersichtlich ist, welches sich jedoch bei Versuchen an ein und derselben Kopfhälfte deutlich zu erkennen gibt.

Der Kehlkopf steigt beträchtlich (in dem vorliegenden Beispiele um einen Wirbel) höher, und um noch mehr das Zungenbein, die Rückwärtsbeugung des Kopfes mag nun bei geschlossenem oder bei stark geöffnetem Munde vor sich gegangen sein.

Mit den Aesten des Unterkiefers entfernt sich zugleich die Zungenwurzel und der obere Abschnitt des Kehlkopfes, d. i. die Santorinischen Knorpel, die aryepiglottischen Falten und der Kehldeckel etwas mehr von der hinteren Pharynxwand; zugleich tritt der vordere Winkel der Stimmritze relativ mehr nach aufwärts, so dass sich letztere minder horizontal stellt. Der oberhalb der Stimmritze gelegene Theil (das Ansatzrohr) des Kehlkopfes neigt sich mehr nach hinten, so dass der Winkel, den seine Axe mit der Axe des unterhalb der Stimmritze gelegenen Kehlkopfabschnittes und der Luftröhre bildet, ein minder stumpfer wird, als dies bei gerade gestelltem Kopfe der Fall ist (l. e. 13).

Da die hintere Fläche des Kehldeckels nach rückwärts gekehrt ist, so wird man sie und zum Theil auch den beinahe in ihrer Verlängerung liegenden vorderen Winkel der Stimmritze um so eher sehen können, je weiter nach hinten man den Kehlkopfspiegel einsetzt, je mehr die Spiegel- und hintere Kehldeckelfläche einander parallel stehen, d. h. unter einem je spitzeren Winkel sie gegen einander geneigt sind, und je tiefer nach abwärts man den Spiegel bringt. Der Erfüllung dieser drei Bedingungen ist die Ueberbeugung des Kopfes nach rückwärts im Allgemeinen günstiger, als die gerade Stellung desselben, jedoch in einem geringeren Grade, als dies vielleicht bei einer oberflächlichen Vergleichung der entsprechenden Querschnitte der Fall zu sein scheint.

Was die beiden ersten Bedingungen anbelangt, so kann bei nach hinten überbeugtem Kopfe der Spiegel wohl viel weiter hinter den Kehldeckel gebracht und die Spiegelfläche viel mehr vertical gestellt werden, ohne dass durch letzteres das Ein- und Austreten der Lichtstrahlen behindert würde, als dies bei der geraden Kopfstellung möglich ist, jedoch werden diese Vortheile zu einem grossen Theil dadurch aufgewogen, dass mit dem Zurücktreten des oberen Abschnittes der hinteren Rachenwand bei nach hinten überbeugtem Kopfe sich gleichzeitig auch der Kehldeckel mehr nach rück- und abwärts stellt. (S. Fig. I. und II.)

Es scheint jedoch, dass dies letztere wenigstens bei mehreren Individuen in einem geringeren Grade stattfindet, als das Zurückweichen der hinteren Rachenwand, so dass sodann zwischen beiden immer noch ein grösserer Zwischenraum übrig bleibt, als bei gerade gestelltem Kopf. Aus dem Vergleich der freilich wohl zwei verschiedenen Individuen entlehnten Fig. I. und II. ergibt sich dasselbe.

Von dem Vortheil der angegebenen Stellung kann man sich mitunter durch den folgenden Versuch in schlagender Weise überzeugen.

Man setzt bei gerader Kopfstellung den Kehlkopfspiegel zur Besichtigung der Stimmritze so viel als möglich vertical gehalten mit seiner Spitze an der hinteren Rachenwand ein. Wenn man nun den Kopf rückwärts beugen lässt, während man die Spitze des Spiegels immer an derselben Stelle fest anstemmt, sieht man immer mehr und mehr vom vorderen Winkel der Stimmritze und von der hinteren Kehldeckelfläche.

In anderen Fällen dagegen, wo sich bei der bezeichneten Locomotion des Kopfes das angedeutete günstige Verhältniss in der Lagerung der Theile nicht ergeben mag, sieht man in beiden Kopfstellungen ungefähr gleichviel.

Der dritte Punkt endlich, nämlich das Einsetzen des Spiegels tiefer nach unten, ist bei der Untersuchung des vorderen Winkels der Stimmritze und der hinteren Kehldeckelfläche öfter von besonderer Wichtigkeit (l. c. 2).

Von einer tiefen Spiegelstellung war aber bisher bei gerade gehaltenem Kopfe sehr häufig gar kein Gebrauch zu machen, und selbstverständlich musste man ihn dabei nach rückwärts neigen lassen. Wenn sich nämlich der Mittelpunkt des Spiegels in μ (Fig. I.) das Auge in der Richtung μ O' befindet, so wird für die Bewegungen des Spiegels noch einiger Spielraum gegeben sein; steht der

Mittelpunkt des Spiegels aber $3\frac{1}{2}'''$ tiefer in ν, so würde er nur mehr auf der eine mathematische Linie breiten Bahn $\nu o''$, also thatsächlich nicht mehr gesehen werden können, ja auch zwischen μ und ν würde der Spiegel wenig zu brauchen sein, wenn sich auch diese beiden Punkte viel weiter nach der hinteren Pharynxwand zu befänden, als auf Fig. I, weil es sich nicht blos darum handelt, den Kehlkopfspiegel zu sehen, sondern vielmehr ihm solche Neigungen zu geben, bei welchen er die eintretenden Lichtstrahlen auf die zu besehenden Partien zu entsenden, und von letzteren wieder in's Auge zurück zu reflectiren vermag. Ein genügender Spielraum für mehr weniger horizontale oder verticale Neigungen des Spiegels ist aber nur vorhanden, wenn der durch die Mundhöhle zum Spiegel führende Canal ein geräumiger ist, weil sonst bei erforderlicher, mehr verticaler Spiegelneigung die Lichtstrahlen am Oberkiefer, bei mehr horizontaler Spiegelneigung am Zungenrücken ein Hinderniss finden. Ein solcher geräumigerer Kanal für die Lichtstrahlen findet sich in der geraden Kopfstellung nur bei höher oben eingesetztem Spiegel, während er sich bei nach hinten gebeugtem Kopfe auch noch für den tief unten eingesetzten Spiegel darbietet, wie dies ein Vergleich der Spiegelstellungen mit dem Mittelpunkt des Spiegels in μ und ν (Fig. I.) mit den Spiegelstellungen $\gamma\gamma'$ und $\delta\delta'$ (Fig. II.) sogleich lehrt.

Man sieht auch, dass die Stellung $\gamma\gamma'$ eine günstigere ist, als $\beta\beta'$. Noch günstiger ist aber offenbar die Stellung $\delta\delta'$. Es ist aber auch nebstbei ersichtlich, dass sehr verticale Spiegelstellungen nur bei stark nach hinten gebeugtem Kopfe möglich sind.

Bei stark nach rückwärts gebeugtem Kopfe kann man mit der Spitze des Spiegels mitunter selbst bis unterhalb des unteren Randes der Mandeln gehen.

Wenn ich bereits vor längerer Zeit (l. c. 2) angab, man solle, um den vorderen Winkel der Stimmritze zu sehen, den Spiegel noch mehr vertical halten als zur Besichtigung der übrigen Theile und man solle bei stark nach hinten geneigter Epiglottis mit dem Spiegel so weit als möglich nach abwärts gehen, so musste man selbstverständlich den Kopf dabei mehr weniger stark rückwärts beugen lassen, da nach dem bisher Erörterten häufig nur so diese Spiegelstellungen bewerkstelligt werden können. Mit Zuhilfenahme meines Zungenhalters ist es dagegen möglich, auch bei gerader Kopfstellung mit dem Spiegel tiefer nach abwärts zu gehen, und daher bei dieser Kopfstellung den vorderen Winkel der Stimmritze in manchen Fällen zu sehen, in denen man ohne Zungenhalter dem Kopfe eine Rückwärtsbeugung hätte geben müssen.

In andern Fällen kommt man dagegen auch mit dem Zungenhalter nur zum Ziel, wenn der Kopf stark nach hinten gebeugt wird, so z. B. in jenem Falle, dem Fig. 22 entnommen wurde.

Endlich gibt es aber Fälle, in denen man den vorderen Winkel der Stimmritze besser sieht, wenn man den Spiegel, indem man ihn möglichst weit zurückschiebt, sehr hoch oben einsetzt (l. c. 2). Bei nicht langem Zäpfchen drücke ich in solchen Fällen mitunter den weichen Gaumen durch den daselbst eingesetzten Spiegel sehr stark nach aufwärts, während dahinter das Zäpfchen herabhängt.

Wenn man recht tief hinab gehen will, verdienen die langen Spiegel Nr. II. III., oder wenigstens ein kleiner runder den Vorzug. Will man recht hoch oben einsetzen, so muss man einen kleineren runden wählen, da der grosse beim tiefen Rückwärtsschieben am Gaumensegel zu viel Widerstand findet. Mitunter erreicht man auch den Zweck sehr gut mit einem kleinen langen (Nr. III.), mit seiner Längenaxe fast quergestellten Spiegel, dessen spiegelnde Fläche man dabei nach Belieben der Verticalebene nähert.

In schwierigeren Fällen war mir das Lispeln des i mit oder ohne Drängen, ebenso die Vornahme rascher, kurzer Inspirationen abwechselnd mit raschen kräftigen, ganz kurzen abortiven Exspirationen, gleichsam Hustenacte bei offen bleibender Stimmritze, bei Besichtigung des vorderen Winkels der Stimmritze von Vortheil. Mitunter wird während einer Vomiturition ein Theil der hinteren Kehldeckelfläche sichtbar; auch gelang es mir, dadurch günstigere Ansichten vom vorderen Winkel der Stimmritze und der hinteren Fläche des Kehldeckels zu erlangen, dass ich eine tiefe, rasche, tönende, krähende Inspiration (wie man sie bei Verengerung der Glottis hört) vornehmen liess. Hiebei nähern sich die Stimmbänder, während sich der Kehldeckel mehr aufrichtet und der Santorinische Wulst hervortritt. Endlich brachte ich auch noch eine Verschiebung des Adamsapfels nach rück- und aufwärts (s. unten) in Anwendung, durch welche der untere Abschnitt der hinteren Kehldeckelfläche gleichfalls hervorgewölbt und sichtbar gemacht wird. Diese Verschiebung wird, obgleich kräftig ausgeführt, häufig gut vertragen.

Die Untersuchung der Stimmritze kann auch durch eine nicht selten vorkommende eigenthümliche Gestalt des zugleich mehr nach hinten gestellten Kehldeckels erschwert werden, wobei derselbe von beiden Seiten zusammengedrückt, einem schmalen Omega oder einer schmalen Maultrommel ähnlich sieht, eine Gestaltabweichung, die sich vorübergehend bei Vomituritionen erzeugt und von einem exquisiterem Falle entlehnt auf Fig. 23 dargestellt findet.

Auch in solchen Fällen kann man die Stimmbänder sehen, wenn auch nicht ganz vollkommen und eines nach dem andern. In dem abgebildeten sah ich bei nach rechts rotirtem Kopfe (s. unten) das linke wahre und falsche Stimmband sammt der Ausmündung des Morgagnischen Ventrikels ihrer ganzen Breite nach, jedoch nicht in der ganzen Länge; ebenso war die Gegend des linken Santorinischen und Giessbeckenknorpels gut zu sehen, und von ganz entsprechender Wirkung war das Rotiren des Kopfes nach links.

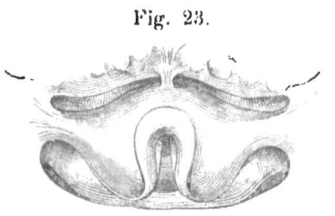

Fig. 23.

Unter solchen ungünstigen Verhältnissen lässt sich von der hinteren Fläche des Kehldeckels nur eine sehr unvollkommene Ansicht gewinnen, unter günstigeren Bedingungen kann man theilweise annähernd eine Flächenansicht, grossentheils nur eine mehr weniger vollständige Profilansicht erhalten, jedoch gelingt es häufig wenigstens momentan sich von der Gegenwart krankhafter Veränderungen daselbst zu überzeugen.

Bei zugleich mit beträchtlicher Volumsvermehrung verbundener starker Rückwärtsneigung des Kehldeckels, wie dies in Folge von Entzündung (Dr. Störk, öst. Zeitsch. f. pr. Heilk. Nr. 4, 1860) der Fall ist oder in Folge von Lupus, syphilitischen Geschwüren, Sclerose, Krebs u. s. w. Statt hat (l. c. 4, 11), kann von Besichtigung der hinteren Fläche des Kehldeckels (den etwa umgeschlagenen freien Rand ausgenommen) keine Rede sein, und auch die Stimmbänder sind gar nicht oder nur unvollkommen sichtbar. Letztere zu sehen gelingt mitunter durch die oben angegebenen krähenden Inspirationen.

Eine sehr starke Rückwärtsneigung des Kehldeckels habe ich zweimal längere Zeit nach vorgenommener Laryngotracheotomie beobachtet; in einem dieser beiden Fälle hatte sie sich erst einige Zeit nach der Operation zu dem späteren hohen Grade entwickelt.

Die Innenfläche der aryepiglottischen Falten (*ligamenta epiglottideo-arytaenoidea*) lässt sich theilweise durch leichtes Rotiren des Spiegels besehen, wobei man, wenn es wünschenswerth sein sollte, künstliche Verschiebungen (s. unten) zu Hilfe nehmen kann.

Bei Besichtigung der zwischen den aryepiglottischen Falten und den Schildknorpelplatten gelegenen Gruben (Fig. 15 und 19), ist es zweckmässig den zu Untersuchenden wiederholt rasch inspiriren zu lassen, wobei sie sich erweitern, oder bei nach der entgegengesetzten Seite rotirtem Kopf zu untersuchen (s. unten); auch ist öfter die Entfernung der hier befindlichen schaumigen Secrete durch Ausgurgeln nothwendig. Die Innenfläche der Schildknorpelplatte gibt sich durch einen constanten gelblichen Fleck zu erkennen, welcher von dem Durchschimmern des Knorpels durch die dünne Schleimhaut herrührt. (Fig. 15 $h\,i$ und Fig. 19 r.)

Von der hinteren Fläche der hinteren Kehlkopfswand kann man nur, wie oben erwähnt, die Spitzen der Giessbecken- mit den darauf sitzenden Santorinischen Knorpeln, sowie einen Theil des Schleimhautüberzuges der zwischen den Giessbeckenknorpeln gelegenen Muskeln sehen. (Fig. 19 m.) Wenn man den Untersuchten hüsteln lässt, hebt sich dadurch die hintere Kehlkopfswand stärker von der Pharynxwand ab, zugleich erscheint sie wegen der nun stärkeren Beleuchtung noch blässer im Verhältniss der minder stark beleuchteten mehr in Profil gesehenen hintern Pharynxwand, dadurch wird aber dem minder Geübten die Auffindung der Grenze zwischen beiden erleichtert.

Die vordere Fläche des oberhalb der Stimmritze gelegenen Abschnittes der hinteren Kehlkopfswand setzt sich zusammen aus dem Schleimhautüberzuge der Innenflächen der Santorinischen- und Giessbeckenknorpel, sowie aus dem vorderen Theil des Schleimhautüberzuges der *musc. transversi.* Sie lässt sich wenigstens theilweise untersuchen (l. c. 11 und Fig. 24). Da sie gerade entgegengesetzt der hintern Kehldeckelfläche nach vorne und aufwärts sieht, muss man den Kopf die gerade Stellung annehmen lassen, wie sie Fig. I. abgebildet ist, oder eine noch vollkommener gerade, wobei die obere Zahnreihe horizontal steht, und die unteren Ränder der oberen Schneidezähne mit der Mitte des Zäpfchens ungefähr in die gleiche Horizontalebene fallen. Man kann bei diesen Kopfstellungen von den genannten Theilen eine Profilansicht erhalten, welche sich der Vorder- (*en face*) Ansicht mehr nähert, als dies häufig bei nach rückwärts gebeugtem Kopfe der Fall ist. Der Grund liegt wahrscheinlich darin, dass bei der geraden Kopfstellung die Axe des Ansatzrohres mit jener des tiefer unten gelegenen Abschnittes vom Kehlkopfe einen stumpfern Winkel macht, als bei nach hinten gebeugtem Kopf (s. oben). Der Kehlkopfspiegel hat hierbei mehr horizontal zu stehen und das Licht muss nahezu horizontal einfallen, worüber später das Nähere.

Man hat bei den häufigen krankhaften Veränderungen am obern Abschnitt der hintern Kehlkopfswand, insbesondere bei Kehlkopfstuberculose oft Gelegenheit, sich von dem Vortheil zu überzeugen, den die gerade Kopfstellung bei der Untersuchung jener Gegend gewährt.

Nicht selten lässt sich dagegen auch bei nach hinten überbeugtem Kopf eine mehr weniger günstige Ansicht der genannten Theile gewinnen.

Diese Untersuchungsmethode genügt für das praktische Bedürfniss. Ich erwähne noch eines anderen viel complicirteren und schwierigeren Verfahrens, welches ich früher (l. c. 6) angab, und welches demnach mehr nur ein historisches Interesse hat.

Der Kopf des zu Untersuchenden wird bei mässig hohem Stand der Sonne ungefähr in die aufrechte Stellung gebracht, oder nur sehr wenig nach rückwärts geneigt, so dass die Grenze des von den oberen Schneidezähnen geworfenen Schattens noch auf den Zungenrücken fällt. Hierauf legt man einen bis zu mehr als 1 Zoll im Durchmesser grossen, runden oder länglichen Spiegel auf die hintere Gegend des Zungenrückens, so dass die spiegelnde Fläche nach auf und sehr wenig nach vorwärts, d. i. nach dem Beobachter hin gekehrt ist, so dass durch ihn das Zäpfchen und die hintere Pharynxwand beleuchtet werden.

Mittelst der sehr starken, etwas biegsamen, unter einem äusserst stumpfen Winkel angesetzten, vorläufig aus mehrfach susammengewundenem dickem Draht angefertigten, geraden oder nach Art gewisser Zungenspateln, hufeisenförmig gekrümmten Handhabe kann man, wo nöthig, den Spiegel zugleich kräftig auf die Zunge drücken.

Nun setzt man mit der anderen Hand den grössten oder einen mittleren runden Kehlkopfrachenspiegel, dessen Ansatzwinkel an den Griff vorher zu einem äusserst stumpfen Winkel ausgezogen worden war, in beinahe horizontaler Stellung hoch nach oben und hinten ein, so dass, während ein Theil seines Rückens den weichen Gaumen sammt Zäpfchen hebt, er mit seinem Rand die hintere Pharynxwand berührt und mit seiner Spiegelfläche beinahe gerade nach abwärts sieht.

Beide Spiegelflächen dürfen gegeneinander nicht ganz parallel stehen, sondern müssen selbstverständlich nach vorne (d. i. nach dem Beobachter hin) etwas mehr von einander abstehen. Hiebei werden die auf den ersten Spiegel einfallenden Lichtstrahlen nach dem zweiten und von ihm auf den Kehlkopf reflectirt und lassen, indem sie in umgekehrter Ordnung zurückkehren, in dem ersten Spiegel das gewünschte Bild erscheinen, welches völlig verkehrt ist *).

Durch diese Untersuchungsmethode, die ich bisher nur bei wenigen, geeignet scheinenden gesunden Individuen versuchte, gelang es, insbesondere bei geringer Schiefstellung der Spiegelfläche, sowie bei gleichzeitigen Kehlkopfsverschiebungen, sehr vortheilhafte Ansichten von dem Schleimhautüberzuge der vorderen inneren Flächen der Santorinischen und Giessbeckenknorpel und der zwischen ihnen gelegenen Commissur bis zu den wahren Stimmbändern zu erhalten, sowie auch mehr im Profil den Rest der hintern Wand des Kehlkopfes und einen sehr grossen Theil der Luftröhre zu sehen.

Wegen der öfteren Reflexion ist die Lichtstärke natürlich eine geringere.

Um die unterhalb der Stimmritze gelegenen Theile zu untersuchen, muss man tief inspiriren lassen, da sich hierbei, wie schon Garcia angab, die Stimmritze weit öffnet.

Bei diesen Untersuchungen ist die Stellung des Kopfes meistens ganz wesentlich. Wenn man die beiden Durchschnitte (Fig. I. und II.) betrachtet, so sicht man, dass der oberhalb der Stimmritze gelegene Kehlkopfabschnitt (das Ansatzrohr) mit dem unterhalb der Stimmritze gelegenen aus dem Rest des Kehlkopfes und aus der Luftröhre bestehenden Rohre einen Winkel bildet, welcher bei der geraden Kopfstellung bedeutend stumpfer ausfällt als bei stark nach rückwärts gebeugtem Kopf. (S. oben.)

Bei der Fig. I. abgebildeten geraden Kopfstellung wird, wenn man sich den Hals noch mehr gestreckt denkt, und erwägt, dass im Leben der Kehldeckel mehr nach vorwärts steht als auf der der Leiche entnommenen Fig. I., jener Winkel leicht um so viel stumpfer werden können, dass durch den Kehlkopf und die ganze Trachea hindurch bis zu den Anfängen der Bronchien ein geradliniger, hinreichend geräumiger Weg für die ein- und austretenden Lichtstrahlen offen stehen wird (l. c. 13).

Anders verhält sich dies bei beträchtlich nach hinten gebeugtem Kopf. Hier wird nur die vordere Wand und ein Theil der Seitenwände des Kehlkopfes und auch wohl einiger Bronchialringe in die Verlängerung des oberen Kehlkopfrohres fallen. Diese Theile wird man daher gut, ja selbst besser sehen als im ersten Falle,

---

*) Czermak hat früher zu anderen Zwecken Doppelspiegel vorgeschlagen, diese Vorschläge sind jedoch nicht zur Ausführung gekommen.

weil man von ihnen mehr eine Voderansicht gewinnt, tief hinab wird man aber an der vordern Wand nicht sehen können, und die ganze hintere Wand des untern Kehlkopfabschnittes sowohl als auch der Luftröhre muss dem Blicke gänzlich entzogen bleiben.

Die Theilungsstelle der Luftröhre bis zu den Anfängen der Bronchien wurde zuerst von Dr. Elfinger an Czermak's Luftröhre gesehen. Dr. Semeleder sah sie „durch Zufall, indem er einen Knaben in einer Stellung untersuchte, wobei dessen Hals gestreckt, der Kopf ganz wenig nach vorne gebracht war, sein Auge tiefer als das Kinn des Untersuchten stand" (Allg. Wien. mediz. Zeitung Nr. 40, 1859). Später hat auch Dr. Störk den in diesem Falle Statt gehabten Vorgang anempfohlen, um tief in die Trachea zu sehen (Zeitschr. d. G. d. Aerzte Nr. 46, 1859). Der Grund warum bei dieser Stellung die Untersuchung gelang, ergibt sich hinlänglich aus dem soeben Erörterten.

Ich habe die Theilungsstelle der Luftröhre zu öfteren Malen gesehen (l. c. 11), dabei gab ich dem Kopf eine gerade Stellung, so zwar, dass häufig die unteren Ränder der oberen Schneidezähne ungefähr mit der Mitte des Zäpfchens in der gleichen Horizontalebene standen. Den Hals liess ich strecken. Nahe unterhalb des Randes der oberen Schneidezähne befand sich mein Auge, also viel höher als in Semeleder's Fall. Auch lies ich die Beleuchtung nicht von unten nach oben, wie Semeleder und Störk das reflectirte Sonnenlicht, sondern horizontal einfallen. Mitunter genügte in dieser Stellung eine höchst geringe Lageveränderung des Kopfes vom Untersuchten nach Art des Kopfnickens, um das gewünschte Bild zu erhalten. Oefter gelang die Untersuchung ohne eine solche Bewegung des Kopfes.

Damit der Rumpf und Hals gerade gehalten werde, lasse ich bei dieser und mitunter auch bei anderen Untersuchungen mit gerader Kopfstellung nach Umständen Zwischenlagen zwischen den Rücken und den oberen Theil der Sessellehne geben.

Auf diese Art sah ich auch einigemale nicht blos die vordere Fläche der hinteren Kehlkopfswand, sondern auch die vordere Fläche der hinteren Luftröhrenwand bis zum Ursprung der Bronchien (l. c. 13), welche bis dahin noch nie gesehen worden war.

Es liegt in der Natur der Sache, dass bei Besichtigung der hinteren Luftröhrenwand der Kehlkopfspiegel etwas mehr horizontal gehalten werden muss. An der hinteren Wand (Fig. 24 h) fehlen bekanntlich die Knorpel. Durch ganz kleine seitliche Bewegungen und eine etwas minder horizontale Stellung des Kehlkopfspiegels bekommt man die Trachealringe an den Seitenwänden und an der vorderen Wand der Luftröhre zu sehen.

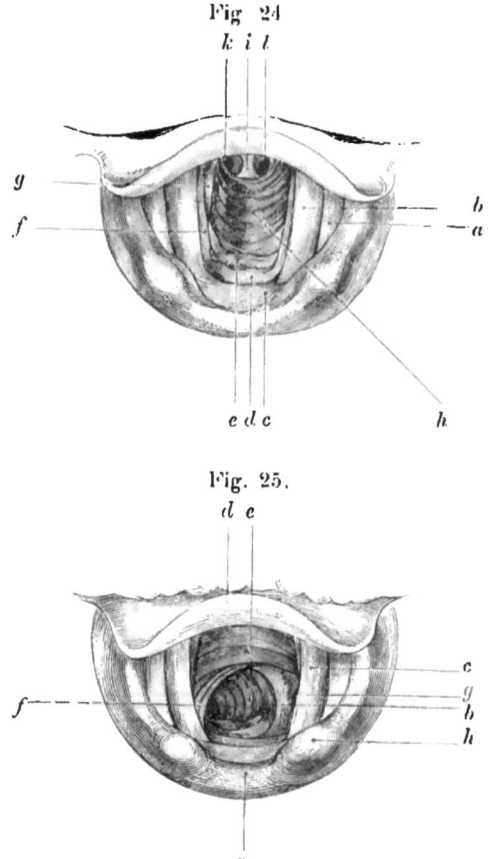

Fig. 24. a linkes wahres, b linkes falsches Stimmband, c hintere Wand des oberhalb der Stimmritze gelegenen Kehlkopfabschnittes, $d\,e$ hintere Wand des unterhalb der Stimmritze gelegenen Kehlkopfabschnittes, $f\,g$ Seitenwand des unterhalb der Stimmritze gelegenen Kehlkopfabschnittes, h hintere Wand der Luftröhre, i Scheidewand der Bronchien, $k\,l$ die Bronchien.

Fig. 25. a Schleimhautüberzug der zwischen den Giesskannen gelegenen Muskeln, b linker Santorinischer Knorpel, c linkes wahres Stimmband, d Trachealringe, e alle sechs Knorpelringe des rechten Bronchus, durch den man momentan gänzlich hindurchsieht, f Lumen des rechten Bronchus, g Scheidewand beider Bronchien, h ein Theil des Lumens vom linken Bronchus.

Ferner sah ich auf die angegebene Weise, was bis dahin auch noch Niemanden gelungen war, wiederholt die ersten 6 und noch mehr Knorpelringe der Bronchien (l. c. 11), somit durch den ganzen rechten Bronchus hindurch (Fig. 25). Hierbei muss man den Spiegel so wenden, dass die Theilungsstelle der Luftröhre nicht in der Mitte, sondern an einen Seitenrand des Bildes zu liegen kommt.

Bei allen diesen Untersuchungen muss selbstverständlich die Beleuchtung nahezu in horizontaler Richtung einfallen, wovon später. Wesentlich befördert wurden sie öfter durch die Anwendung meines Zungenhalters.

Sehr häufig wird durch Anschwellung des Kehldeckels, der Umgebung der Giesskannen, der Stimmbänder, durch unvollkommenes Oeffnen der Stimmritze, Stenose, Anhäufung von Secreten u. s. w.

die Einsicht in die tiefer gelegenen Theile unmöglich. Dass ein nach rückwärts überhängender Kehldeckel ein Hinderniss für solche Untersuchungen abgibt, ist ebenfalls klar.

Vom Pharynx kann man bei ziemlich stark horizontal gehaltenem Spiegel die hintere Wand bis zum obersten Abschnitt der hinteren Kehlkopfswand sehen. Der auf denselben fallende Schlagschatten (Fig. 19) bezeichnet den untersten Abschnitt des Schlundkopfes, unterhalb dessen die Speiseröhre beginnt. Die Seitenwände des Pharynx kann man bei schiefen Spiegelstellungen bis ganz nach abwärts, wo sie in die zwischen den aryepiglottischen Falten und den Schildknorpelplatten gelegenen Gruben (Fig. 15 und 19) übergehen, untersuchen. Sehr vortheilhaft ist hier mitunter das Rotiren des Kopfes nach der entgegengesetzten Seite (s. unten). Obgleich man von allen diesen Theilen mehr weniger Profilansichten gewinnt, wobei die Schleimhaut dunkler zu sein scheint, als sie wirklich ist, genügen sie dennoch, um daselbst befindliche krankhafte Veränderungen, z. B. Geschwüre zu entdecken.

Die hintere Fläche der Gaumenbogen bis zu einer gewissen Höhe und der Mandeln lässt sich mittelst der kleinen, insbesondere der oblongen seitlich rotirten Spiegel untersuchen (s. auch Rhinoskopie).

Künstliche Stellungen des Zungenbeines und des Kehlkopfes. Ich habe zuerst (l. c. 3) ein Verfahren angegeben, wodurch es gelingt, von einzelnen Theilen vortheilhaftere Ansichten zu erhalten, und welches darin besteht, dass man während der Untersuchung mit dem Kehlkopfspiegel durch einen Gehilfen das Zungenbein und den Kehlkopf in bestimmte Stellungen bringen und darin festhalten lässt. Der Gehilfe steht hinter dem zu Untersuchenden. Nachdem dieser den Mund geöffnet und, wo thunlich, die Zunge herausgestreckt hat, versichert sich der erstere neuerdings der schon früher aufgesuchten Angriffspunkte am Halse, hierauf erst beginnt man die Untersuchung, und erst nachdem man die zu untersuchende Gegend in den Spiegel bekommen hat, lässt man durch den Gehilfen die gewünschte Lageveränderung vornehmen. Diess muss häufig mit beträchtlicher Kraftanwendung geschehen, dabei soll jedoch zur möglichsten Vermeidung von Schmerz der anzuwendende Druck nur allmählig verstärkt werden.

Das schon früher erwähnte Verschieben des Körpers vom Zungenbein von vor- nach rückwärts oder rück- und aufwärts, um den Kehldeckel vom Zungengrunde zu entfernen, wird durch eine in der Medianlinie eingesetzte Fingerspitze bewirkt.

Beim Verschieben des Adamsapfels nach rück- und aufwärts wird derselbe zwischen 2 Fingerspitzen gefasst. Dadurch wird, wie schon früher angeführt, die Hinterfläche des Kehldeckels, aber zugleich auch der vordere Abschnitt der Innenflächen der aryepiglottischen Falten besser gesehen. Durch diese Verschiebung werden mitunter die wahren Stimmbänder relaxirt.

Eine seitliche Verschiebung zwischen Zungenbein und Schildknorpel wird bewerkstelligt, indem der Gehilfe die grossen Hörner des ersteren zwischen Daumen und Zeigefinger der einen, die oberen Ränder des Schildknorpels mit den gleichen Fingern der anderen Hand umfasst und gegen einander bewegt. Wenn solchergestalt beispielsweise der Schildknorpel nach rechts hin vom Zungenbeine abgelenkt wird, bekommt man eine vortheilhaftere Ansicht von der äusseren Partie der Vorderfläche der rechten Hälfte des Kehldeckels bis zum Zungengrund, ferner von der Innenfläche der linken aryepiglottischen Falte, vom linken falschen Stimmband, von der Mündung des linken Morgagnischen Ventrikels, endlich von der zwischen dem Schleimhautüberzuge der linken Giesskanne und der äusseren Wand der linken aryepiglottischen Falte einerseits und der Innenfläche der linken Platte des Schildknorpels andererseits gelegenen Grube.

Eine vortheilhafte Ansicht von dieser Grube auf der rechten Seite, von der äusseren Partie der Vorderfläche der rechten Hälfte des Kehldeckels und von der rechten Pharynxwand erhält man auch, wenn man bei stark nach links rotirtem Kopf untersucht; hiebei wird nämlich das Zungenbein gleichfalls nach links vom Schildknorpel, jedoch zugleich schief verschoben. Der Kranke setzt sich mit seiner linken Seite dem Beobachter gegenüber und rotirt den Kopf nahezu um einen rechten Winkel, so dass dann die Mundöffnung dem Beobachter gegenüber zu stehen kommt.

Man kann den Schildknorpel einigermaassen um seine Längenaxe drehen, indem man die zwischen den Spitzen des Zeigefingers und Daumens gefasste Kante des Adamsapfels nach der einen oder anderen Seite bewegt. Die Stimmritze wird dadurch schief gestellt. Bei nach rechts geschobener Kante des Adamsapfels erhält man Bilder von der hinteren Wand der linken Hälfte des Kehldeckels, von der Innenfläche der linken aryepiglottischen Falte, von der zwischen der linken aryepiglottischen Falte und der linken

Platte des Schildknorpels befindlichen Grube und (zum Unterschiede von der einfachen Verschiebung des Schildknorpels nach rechts) von der Mündung des rechten Morgagnischen Ventrikel.

Von den Seitenwänden des unterhalb der Stimmbänder gelegenen Kehlkopfabschnittes kann man mitunter ein besseres Spiegelbild erreichen, wenn man dem Kehlkopf eine solche Stellung gibt, dass seine Längenaxe seitlich von der Verticalrichtung abweicht. Dies wird bewerkstelligt, indem der Gehilfe ein Paar Fingerspitzen an den einen oberen Rand (z. B. den linken) des Schildknorpels, jedoch gehörig weit rückwärts, einsetzt, mit der anderen Hand dagegen den Ringknorpel ergreift und die beiden Hände nach entgegengesetzten Richtungen (also die obere nach rechts, die untere nach links) bewegt. Verläuft, wie in unserem Beispiel, die Längenaxe des Kehlkopfes von oben und rechts nach unten und links, so erhält man eine schiefe Flächenansicht von der rechten Seitenwand des unterhalb der Glottis gelegenen Theiles vom Kehlkopf. Bei der Untersuchung dieser Stelle sucht man vorerst bei der geraden Stellung des Kehlkopfes ein Bild der Stimmritze zu erhalten, hierauf lässt man letztere durch tiefes Inspiriren bis zum Maximum erweitern und die besprochene Lageveränderung ganz langsam ausführen.

Bei Ausführung dieser passiven Bewegungen ist wohl darauf zu achten, dass jene Theile allein gefasst werden, die man fassen will.

Die Verschiebung des Zungenbeins und Adamsapfels nach rückwärts und die Rotirung des Schildknorpels kann man öfter auch ohne Gehilfen vollbringen, indem man, während der Daumen an der Mitte des Körpers vom Zungenbein oder am Schildknorpel angesetzt wird, die übrigen vier Finger zur Ausübung des Gegendruckes in den Nacken legt (l. c. 3).

Bei allen diesen Untersuchungen muss eine passende Richtung der Spiegelfläche nach der zu untersuchenden Seite hin, welche am häufigsten durch Rotiren des Griffes um seine Längenaxe zu bewerkstelligen ist, unterstützend hinzutreten.

Abgesehen von den zur Untersuchung der vorderen und hinteren Fläche des Kehldeckels dienenden Verschiebungen und der Rotirung des Kopfes mache ich von diesen künstlichen Stellungen nur selten Gebrauch.

Functionelle Störungen. Von ihnen seien nur in Kürze die folgenden erwähnt:

Unvollkommene Bewegung der Santorinischen sammt den Giessbeckenknorpeln. Dieselben nähern sich beim Hüsteln, Drängen einander nicht gehörig, entfernen sich nicht vollkommen bei tiefer Inspiration. Die beschränkte Beweglichkeit findet nicht selten nur auf einer Seite statt. Sie ist begründet in Schwellung der umgebenden Weichtheile (l. c. 11) in Lähmung u. s. w. Es ist damit stets entsprechende mangelhafte Bewegung der Stimmbänder verbunden, welche sich im Klaffen derselben, mangelhafter Annäherung beim Anschlagen eines Lautes, mangelhaftem Erzittern und dabei Heiserkeit oder Aphonie kund thut (l. c. 4, vierter Fall und l. c. 11). Von besonderem Interesse sind die Fälle, bei welchen in Folge von Lähmung der eine Santorinische Knorpel und das entsprechende Stimmband unbeweglich in der Medianlinie verharren, bei normaler Beweglichkeit derselben Theile der anderen Seite (l. c. 11, 22. Fall und ein späterer ähnlicher Fall von Lewin).

Ich habe seitdem mehrere Fälle von solcher halbseitiger und doppelseitiger Lähmung beobachtet, die im Gefolge von Katarrh der Luftwege aufgetreten waren und bis zur Vornahme der laryngoskopischen Untersuchung bereits durch Monate und länger bestanden hatten.

Heiserkeit und Aphonie kann ausserdem durch Katarrh, durch Geschwüre der Stimmbänder (l. c.) bedingt sein, und es ist in dieser Beziehung merkwürdig, dass nicht selten tiefer greifende über einen grossen Theil der Stimmbänder der Länge nach verlaufende Geschwüre selbst mit theilweiser Blosslegung der Giesskannen wie sie öfter bei Tuberculose vorkommen nur Heiserkeit und nicht Aphonie bewirken.

Der Verschluss der Stimmritze beim Drängen, Hüsteln kann ungeachtet des Klaffens der Stimmbänder während der versuchten Hervorbringung eines Lautes dennoch gehörig vor sich gehen (l. c. 4. Fall), somit der Husten scharf begrenzt sein, dieses letztere, noch mehr aber der gehörige Verschluss der Stimmritze beim Drängen kann selbst bei sehr beträchtlichen Substanzverlusten der wahren Stimmbänder Statt haben, vermuthlich durch die Theilnahme der falschen Stimmbänder. Ein gleiches gilt vielleicht auch vom Verschluss der Glottis während des Schlingens, welcher selbst bei beträchtlichem Substanzverlust der Stimmbänder noch gehörig Statt haben kann.

Der Grund des erschwerten Durchtrittes der Luft durch den Kehlkopf lässt sich durch die laryngoskopische Untersuchung meist ermitteln (s. die patholog. Fälle l. c. 4, 5, 11, 14). Wenn man letztere mit gehöriger Umsicht und Schonung vornimmt, so wird sie auch bei hochgradiger Dyspnoë meistens ertragen.

Heftigere Schmerzen in der Kehlkopfgegend beim Schlingen, wodurch letzteres selbst unmöglich werden kann, waren nach meinen bisherigen Beobachtungen in Entzündung, Verschwärung des Kehldeckels oder der Umkleidungen der Santorinischen und Giessbeckenknorpel bedingt. Auch beim Druck auf den Kehlkopf von vorne nach rückwärts oder auch seitwärts in entsprechender Höhe, nämlich am oberen Rand des Schildknorpels oder tiefer unten in der Höhe der Giessbeckenknorpel gibt sich der Schmerz kund. Bei ausschliessender oder vorwaltender Erkrankung an der einen Giesskanne wird durch einen solchen von vorne nach rückwärts oder auch seitlich angebrachten Druck nicht selten ein entsprechender seitlicher Schmerz hervorgerufen.

Die zu besichtigenden Theile sind häufig mit Schleim, Eiter, Sputis bedeckt. In solchen Fällen lässt sich ein sicheres Urtheil oft nur durch Benützung einer Vergrösserungsvorrichtung fällen.

Die künstliche Beleuchtung mittelst des Rüte'schen Augenspiegels.

Zur künstlichen Beleuchtung wurde der Augenspiegel zuerst von Prof. Czermak in Anwendung gebracht. Es handelte sich darum, ihm eine für den speciellen Zweck der Kehlkopfuntersuchung passende Einrichtung zu geben. Czermak hat sich bei seinen nach Garcia's Methode an sich selbst vorgenommenen Versuchen eines Rüte'schen Augenspiegels mit Stativ bedient, zur Untersuchung Anderer haben er, sowie auch Prof. Stellwag und Dr. Semeleder Vorrichtungen angegeben, wodurch ein solcher mit einem centralen oder excentrischen Loch im Beleg versehener Spiegel am Kopf des Beobachters befestigt wird, und zwar bediente sich Czermak anfangs der Kramer'schen Stirnbinde, später und noch jetzt eines zwischen den Schneidezähnen gehaltenen Griffes, welcher die Gabel des modificirten Rüte'schen Spiegels trägt, während Stellwag und Semeleder ihn mittelst eines Nussgelenkes an einer Brillenfassung befestigten.

Ich stellte mir die Aufgabe, eine vom Beobachter getrennte Vorrichtung zu construiren, bei welcher sich ein modificirter Rüte'scher Spiegel mit Leichtigkeit in jede beliebige Stellung bringen lässt und dabei ohne weiteres Zuthun in der ihm gegebenen Stellung fixirt bleibt. Ich habe diese Aufgabe durch einen der oberen Extremität des Menschen nachgebildeten Apparat gelöst (l. c. 6, 8, 12).

Derselbe besteht (Fig. 26)*) aus einer an dem höher und niederer zu stellenden Mittelstücke eines zwischen seinen Füssen ein Gewicht tragenden Dreifusses, an einer Sessellehne oder an irgend

---

*) Der hiesige Mechaniker Hauck (Neue Wieden 820) verfertigt den Apparat genau nach meiner Angabe mit einem Concav- und einem Planspiegel um 25 fl. ö. W.

einem anderen Möbel zu befestigenden Klammervorrichtung (*a*), welche ein Nussgelenk (*b*) trägt, auf dessen Kugel ein Messingrohr (*c*) aufsitzt, aus dem sich, wie bei Fernröhren, ein zweites Rohr (*d*) ausschieben und zugleich um seine Längenaxe rotiren lässt, in dessen Innern endlich ein dreiseitiges ausschiebbares Prisma (*e*) steckt. Am Ende dieses letzteren sitzt ein Scheiben-

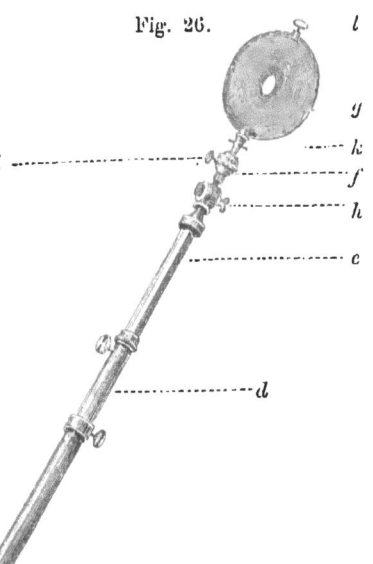

Fig. 26.

scharnier und auf diesem wieder ein Nussgelenk (*f*) auf, welches den concaven Beleuchtungsspiegel (*g*) trägt.

Die an den Röhren angebrachten Stellschrauben dienen zur Fixirung der ausgezogenen Theile, die zweite auch zugleich, um das dreiseitige Prisma wo nöthig schwergängiger zu machen. Ebenso dient die Flügelschraube *h* zur Feststellung des Scheibenscharnieres. Die Nussgelenke lassen sich, und zwar das untere (*b*) mittelst eines Schlüssels leicht und schwergängig richten. Durch Einstellung des Schräubchens *i* lässt sich der gewünschte Grad von Schwer- oder Leichtgängigkeit bleibend festhalten. Das Querstäbchen *k* dient zum Festhalten des Kugelansatzes während des An- und Abschraubens vom Hohlspiegel, welches durch das Knöpfchen *l* erleichtert wird. Um den Spiegel gehörig festzuschrauben, muss man ihn jedoch an seiner Ansatzstelle fassen. Der Apparat ist zerlegbar und dadurch portativ.

Bei der Anwendung wird die Lampe nach hinten und an der linken Seite vom Kopfe des auf einem Stuhle sitzenden Kranken aufgestellt.

Der Beleuchtungsapparat befindet sich zu des Kranken rechter Seite. In Ermanglung eines Dreifusses schraube ich die Klammer an die Lehne eines durch eine darauf sitzende Person fixirten Sessels an. Fehlt eine solche, so lasse ich zwei Stühle mit nach aussen gekehrten Lehnen und zusammengerückten Sitzen vor den die Lampe tragenden Tisch stellen, an welchen letzteren sich der auf beide Sitze gesetzte Kranke mit dem Rücken anlehnt.

Nachdem nun die Klammer in diesem Falle an der Lehne des zur Rechten des Kranken befindlichen Stuhles und überhaupt derart befestigt worden war, dass bei etwa zur Hälfte ausgezogenem Prisma, und mit oder ohne Ausziehen des einen Rohres der Beleuchtungsspiegel vor und ungefähr in gleicher Höhe mit dem Munde des Kranken zu stehen kommt, setzte ich mich letzterem gegenüber.

Das innere Rohr wird nun mittelst seiner Stellschraube fixirt, während das dreiseitige Prisma frei spielt.

Der Concavspiegel wird durch geeignete Rotationen der Lampe zugekehrt, um die von ihr empfangenen Lichtstrahlen concentrirt in die Mundhöhle des Kranken zu senden, und den weichen Gaumen und das Zäpfchen zu beleuchten. Während des Einführens des Kehlkopfspiegels schaue ich neben dem Concavspiegel vorbei. Erst wenn sich ersterer ziemlich an Ort und Stelle befindet, ist es passend, sich mit dem Auge hinter die centrale Oeffnung zu begeben.

Die Entfernung des Concavspiegels vom Munde des Kranken, insbesondere aber die Neigung des Spiegels nach den verschiedensten Richtungen, muss während der Untersuchung sehr häufig geändert werden. Dies geschieht sehr leicht, indem man den Spiegel, und zwar, um das Schwanken zu hindern, an seiner Ansatzstelle an das obere Nussgelenk mit der linken Hand fasst. Man verwendet bei einiger Uebung dieselbe Hand sehr leicht auch noch abwechselnd zum Richten des Kopfes u. s. w.

Diese Vorrichtung ist kostspieliger und weniger leicht portativ als jene von Czermak und Semeleder, sie hat dagegen folgende Vorzüge:

Der Concavspiegel meines Apparates bleibt in der ihm gegebenen Stellung fixirt und lässt dem Kopf des Beobachters seine freie

Bewegung, während bei jenen Apparaten der Spiegel durch den Kopf selbst weniger bequem und leichter verrückbar getragen wird*), wobei übrigens die Bewegungen des Kopfes bei weitem nicht hinreichen, dem Spiegel die gehörigen Stellungen zu geben, sondern zum Richten desselben fortwährend die linke Hand in Anspruch genommen wird.

Bei meinem Apparat lassen sich grössere Concavspiegel benützen (s. unten), ausgiebige Vergrösserungsvorrichtungen anbringen, die Entfernung des Concavspiegels von der Lampe und der Mundöffnung mit Leichtigkeit messen, was für gewisse Zwecke nicht ohne Belang ist; endlich kann auch eine zweite Person an der Untersuchung Theil nehmen.

Wenn es sich, wie im vorliegenden Falle, darum handelt, mit einer gegebenen Lichtquelle die möglichst intensive Beleuchtung der zu besehenden Theile zu erlangen, so kann die Erreichung dieses Zieles nur von der Brennweite und dem Durchmesser des dazu verwendeten Hohlspiegels und von der relativen Stellung abhängen, in die man die Lichtquelle (Lampe), den Hohlspiegel und den zu untersuchenden Gegenstand (hier also zunächst den Kopf des zu Untersuchenden) bringt. Es kommen hierbei die folgenden Punkte in Betracht:

1. Je grösser die Oeffnung, d. h. der Durchmesser des Hohlspiegels, und je geringer seine Brennweite innerhalb gewisser Grenzen sind, um so intensiver wird er beleuchten.

2. Je spitzer der Winkel ist, den die von der Lampe auf den Hohlspiegel auffallenden Strahlen mit dem vom Hohlspiegel nach dem zu beleuchtenden Gegenstand (in die Mundöffnung) zurückgeworfenen Strahlenkegel bilden, um so intensiver wird unter übrigens gleichen Umständen die Beleuchtung ausfallen.

3. Man kann die zum Bild der Flamme vereinigten Strahlen oder dieselben vor oder selbst nach geschehener Vereinigung zur Beleuchtung benützen. Man hat es hier natürlich mit keinem Bild im mathematischen Sinne, sondern wegen der durch die Kugelgestalt des Spiegels bedingten Längen- und Seitenabweichung mit einem ausgedehnteren, intensiv beleuchteten Raume zu thuen. Verwendet

---

*) Die Brillenvorrichtungen dürften besser fixirt werden, wenn die beiden Spangen der Brille durch elastische Bänder ersetzt wären, welche sich am Hinterhaupt nach Art eines Strumpfbandes zusammenheften liessen, indem der Haft des einen in die verticalen Spalten einer am anderen befindlichen Blechplatte eingehängt würde.

man nun diesen dem Flammenbild entsprechenden erleuchteten Raum, so erhält man die intensivste Beleuchtung, und zwar hat das verkehrte verkleinerte Flammenbild eine grössere Lichtintensität, als das verkehrte gleichgrosse, dieses wieder eine grössere, als das verkehrte grössere.

Bekanntlich erscheint, sobald der Gegenstand, im vorliegenden Fall die Flamme, weiter vom Spiegel entfernt ist, als der Krümmungshalbmesser oder die doppelte Brennweite des Spiegels beträgt, das Bild zwischen dem Krümmungsmittelpunkt und dem Brennpunkt verkehrt und kleiner.

Es entsteht ein gleich grosses verkehrtes Bild, wenn sich der Gegenstand (die Flamme) in der doppelten Brennweite vor dem Spiegel befindet. Das Flammenbild erscheint ebenfalls in der doppelten Brennweite vor dem Spiegel.

Soll endlich ein verkehrtes vergrössertes Flammenbild entstehen, so muss die Entfernung der Flamme vom Concavspiegel mehr als dessen einfache und weniger als die doppelte Brennweite betragen. Das verkehrte vergrösserte Bild ist um mehr als die doppelte Brennweite vom Hohlspiegel entfernt.

4. Je weiter der Hohlspiegel von der Lichtquelle (Lampe) entfernt wird, um so geringer wird unter übrigens gleichen Umständen die Beleuchtungsintensität sein.

5. Ebenso wird der Beobachter das Kehlkopfspiegelbild unter übrigens gleichen Umständen um so weniger hell sehen, je weiter er von ihm entfernt ist, d. h. je weiter sich sein Auge von dem Munde des zu Untersuchenden befindet.

6. Es handelt sich bei der Laryngoskopie nicht um die Beleuchtung eines frei zu Tage liegenden Objectes, sondern um die Beleuchtung von in der Tiefe eines nahezu rechtwinklig gekrümmten Rohres (Mundkanal, Rachen, Kehlkopf, Luftröhre) verborgenen Gegenständen, und um die Beleuchtung der Wände dieses Rohres selbst. Nun dringen wohl parallele Strahlen, z. B. die Sonnenstrahlen auch unter solchen Verhältnissen mittelst Reflexion bis auf den Grund, convergirende Strahlen, also die durch einen Concavspiegel concentrirten dagegen nur bis zu einer gewissen Tiefe, und zwar um so weniger tief, je stärker sie convergiren, und je enger*) das Rohr ist.

---

*) Daher man durch Anwendung des Zungenhalters mitunter namhaft hellere Bilder gewinnt.

Wenn man das verkehrte verkleinerte Flammenbild auf die Stimmritze eines Mannes von mittlerer Grösse aufwerfen will, so müssen die vom Concavspiegel gesammelten Strahlen einen solchen Grad von Convergenz darbieten, und der Concavspiegel in einer solchen Entfernung von der Mundöffnung aufgestellt sein, dass das Flammenbild ungefähr 6 Zoll hinter der Mundöffnung entstehen würde, indem, wie sich dies aus Fig. 1. ergibt, die Strahlen von der Mundspalte bis zum Kehlkopfspiegel beiläufig 3 Zoll, und von hier nach abwärts bis zur Stimmritze ungefähr den gleichen Weg zurückzulegen haben. Wollte man in derselben Weise den freien Rand des Kehldeckels beleuchten, so hätten sich die Strahlen ungefähr $4\frac{1}{2}''$ nach der Mundöffnung zum Flammenbild zu vereinigen.

Nun lehrt ein einfacher, mit nicht grösserer Genauigkeit als zum Zwecke nöthig ist, mit einem Concavspiegel von $9\frac{1}{2}$—$9\frac{3}{4}$ Zoll Brennweite vorgenommener Versuch in Bezug auf den Entstehungsort des verkleinerten verkehrten Flammenbildes Folgendes.

Es entspricht:

einer Entfernung der Lampe zum Concav-Spiegel von 22 Zoll eine Entfernung des Flammenbildes vom Concav-Spiegel von $17\frac{1}{2}$ Zoll;

einer Entfernung der Lampe zum Concav-Spiegel von 25 Zoll eine Entfernung des Flammenbildes vom Concav-Spiegel von 16 Zoll;

einer Entfernung der Lampe zum Concav-Spiegel von 28 Zoll eine Entfernung des Flammenbildes vom Concav-Spiegel von $15\frac{1}{2}$ Zoll;

einer Entfernung der Lampe zum Concav-Spiegel von 31 Zoll eine Entfernung des Flammenbildes vom Concav-Spiegel von $14\frac{1}{4}$ Zoll;

einer Entfernung der Lampe zum Concav-Spiegel von 34 Zoll eine Entfernung des Flammenbildes vom Concav-Spiegel von $13\frac{3}{4}$ Zoll;

einer Entfernung der Lampe zum Concav-Spiegel von 37 Zoll eine Entfernung des Flammenbildes vom Concav-Spiegel von $13\frac{1}{2}$ Zoll.

Da, wenn die Lampe 22 Zoll vom Hohlspiegel entfernt ist, sich das verkehrte verkleinerte Flammenbild $17\frac{1}{2}$ Zoll vor dem Hohlspiegel erzeugt, so muss man, soll dieses Flammenbild auf die Stimmritze fallen, nach obigem den Hohlspiegel $17\frac{1}{2} - 6 = 11\frac{1}{2}$ Zoll vor der Mundöffnung anbringen. Die Lampe wird hinter und seitlich vom Kopfe des zu Untersuchenden und zwar $10\frac{1}{2}$ Zoll hinter der Mundöffnung stehen, da $22 - 11\frac{1}{2} = 10\frac{1}{2}$ gibt. Die Entfernung des unmittelbar hinter dem Concav-Spiegel befindlichen Auges zum Kehlkopfspiegelbilde von $17\frac{1}{2}$ Zoll ist aber für feinere Beobachtungen zu gross.

Will man dagegen das Kehlkopfspiegelbild näher, z. B. $13\frac{1}{2}$ Zoll, vor dem Auge erzeugen, so muss man bei dieser immer noch beträchtlichen Entfernung die Lampe 37 Zoll hinter dem Concav-Spiegel aufstellen, eine Entfernung, durch welche man eine sehr beträchtliche Einbusse an Lichtstärke erfährt.

Man braucht sich jedoch bei der Anwendung eines solchen Spiegels nicht auf das verkehrte verkleinerte Flammenbild zu beschränken (s. oben).

Ich liess mir vor längerer Zeit eigens Spiegel von kürzeren Brennweiten als die bei den Vorrichtungen von Czermak und Semeleder benützten anfertigen *), welche in mancher Beziehung zu einem günstigeren Resultate führten (l. c. 6), wie sich aus dem Nachfolgenden ergeben wird.

Bei einem Concav-Spiegel von $6\frac{1}{2}$ Zoll Brennweite ergeben sich für die Erzeugung des verkehrten verkleinerten Flammenbildes die folgenden Verhältnisse.

Es entspricht:
einer Entfernung der Lampe zum Concav-Spiegel von 16 Zoll
eine Entfernung des Flammenbildes vom Concav-Spiegel von $11\frac{1}{2}$ Zoll;
einer Entfernung der Lampe zum Concav-Spiegel von 19 Zoll
eine Entfernung des Flammenbildes vom Concav-Spiegel von $10\frac{1}{4}$ Zoll;
einer Entfernung der Lampe zum Concav-Spiegel von 22 Zoll
eine Entfernung des Flammenbildes vom Concav-Spiegel von $9\frac{1}{2}$ Zoll;
einer Entfernung der Lampe zum Concav-Spiegel von 25 Zoll
eine Entfernung des Flammenbildes vom Concav-Spiegel von 9 Zoll;
einer Entfernung der Lampe zum Concav-Spiegel von 28 Zoll
eine Entfernung des Flammenbildes vom Concav-Spiegel von $8\frac{1}{2}$ Zoll.

Wenn demnach die Lampe 16 Zoll vom Hohlspiegel entfernt ist, so wird das verkehrte verkleinerte Flammenbild dann auf die Stimmritze fallen, wenn sich die Mundöffnung $5\frac{1}{2}$ Zoll hinter dem Concav-Spiegel befindet da $5\frac{1}{2} + 6 = 11\frac{1}{2}$.

Wenn der Hohlspiegel 16 Zoll vor der Lampe und zugleich $5\frac{1}{2}$ Zoll vor der Mundöffnung steht, so muss ferner die Lampe $10\frac{1}{2}$ Zoll hinter der Mundöffnung stehen, da $16 - 5\frac{1}{2} = 10\frac{1}{2}$ gibt.

Steht der Concav-Spiegel 19 Zoll vor der Lampe, so erzeugt sich das verkleinerte Flammenbild in $10\frac{1}{4}$ Zoll Entfernung, der Concav-Spiegel müsste schon in einer Nähe von $4\frac{1}{4}$ Zoll vor der Mundöffnung und die Lampe $19 - 4\frac{1}{4} = 14\frac{3}{4}$ Zoll hinter der Mundöffnung zu stehen haben.

---

*) Semeleder gibt eine Brennweite von 0·3 M., also beinahe $11\frac{1}{2}$ Zoll und einen Durchmesser von 0·075 M, also $2\frac{1}{2}$ Zoll an (Allgem. Wiener med. Zeitung, Nr. 40, 1859).

Eine Moderateur-Lampe von gewöhnlicher Form lässt sich nun, wenn der Kranke den Kopf nicht zu sehr nach vorwärts hält, in der Regel recht gut 14 Zoll hinter der Mundöffnung, öfter auch bis auf $10\frac{1}{2}$ Zoll hinter der Mundöffnung anbringen. Dieses letztere gelingt jedoch meist nur, wenn der Kranke den Kopf gehörig nach rückwärts beugt, oder wenn man durch einen Gehilfen die Lampe über den Tischrand vorwärtsschieben und neigen lässt, oder wenn man sich einer eigenen Vorrichtung bedient (s. unten). Andererseits kann man sich sehr gut der Mundöffnung mit dem Concav-Spiegel bis auf $5\frac{1}{2}$ Zoll und noch etwas mehr nähern. Viel näher darf man jedoch nicht rücken, da sonst ein zu beträchtlicher Antheil der von der Lampe nach dem Concav-Spiegel gesendeten Strahlen durch die linke Gesichtshälfte des Kranken abgeblendet wird.

Aus dem bisher Gesagten ergibt sich hinreichend, dass sich durch Spiegel von geringerer Brennweite, die jedoch für die Stimmritze nicht unter $6\frac{1}{2}$ Zoll gehen darf, eine grössere Beleuchtungsintensität erzielen lässt. Solche Spiegel gewähren übrigens auch noch den Vortheil, dass sie unter günstigen Umständen die Anwendung von ausgiebigeren Vergrösserungsvorrichtungen gestatten.

Bei einer vorzunehmenden Untersuchung sei man für sich auf einen gehörig hohen Sitz bedacht, da bei dem nothwendigen starken Vorwärtsneigen des eigenen Kopfes, dieser sonst zu tief zu stehen kommt. Man lasse die Lampe so viel als möglich nach vorwärts stellen, bringe hierauf den Concav-Spiegel in eine solche Entfernung vor die Mundöffnung, dass am Racheneingang das auffallend helle kleine Flammenbild sichtbar wird. Hierauf erst führe man den Kehlkopfspiegel ein. Nun hat man, will man die Stimmritze hell erleuchten, den Concav-Spiegel noch allmälig um etwa 2 — 3 Zoll der Mundöffnung zu nähern, was man bei einiger Uebung auch schon früher thun kann. Bei dieser Vorrückung des Concav-Spiegels wird die Beleuchtung des Racheneinganges natürlich wieder eine viel weniger intensive, indem derselbe so wie auch der Kehlkopfspiegel nunmehr von den Strahlen vor ihrer Vereinigung zum Flammenbild getroffen wird. Wenn es sich dagegen, um eine möglichst genaue Untersuchung mit etwaiger Anwendung einer stärkeren Vergrösserungsvorrichtung und somit um Erzielung der intensivsten Beleuchtung handelt, ist es zweckmässiger die Entfernungen mit dem Maassstab zu bestimmen und wie ich eben angab bei einem Concav-Spiegel von $6\frac{1}{2}$ Zoll Brennweite, die Lampe ungefähr $10\frac{1}{2}$ hinter die Mundöffnung, und den Concav-Spiegel ungefähr $5\frac{1}{2}$ Zoll vor die Mundöffnung zu stellen. Dabei ist es gut, wenn der Kopf des Kranken unterstützt wird.

Man kann übrigens auch ohne genaueres Einhalten dieser Verhältnisse bei einer stärkeren Lichtquelle selbst Vergrösserungen anwenden, so wie man auch, wenn man nicht die intensivste Beleuchtung anspricht, bei Anwendung dieser oder anderer Concav-Spiegel, sich, wie ich schon früher angegeben, des gleich grossen, des vergrösserten Flammenbildes oder der Strahlen vor oder selbst nach ihrer Vereinigung zu Flammenbildern bedienen kann.

Bisher war nur von der Untersuchung des oberen Kehlkopfabschnittes mit Einschluss der Stimmritze die Rede. Andere optische Verhältnisse sind zu berücksichtigen, wenn man tiefer gelegene Theile, z. B. die Luftröhre bis zur Theilungsstelle sehen will.

Da diese letztere ungefähr $5\frac{1}{2}$ Zoll unter der Stimmritze liegt, so befindet sie sich in der Tiefe eines etwa $11\frac{1}{2}$ Zoll langen, in seiner Mitte insbesondere durch die Stimmbänder verengerten Rohres. Hier können nach dem oben Gesagten nur Lichtstrahlen von bedeutend geringerer Convergenz verwendet werden, ebenso wie auch bei blosser Untersuchung der Stimmritze, wenn der dahin führende Kanal durch Kleinheit der Mundspalte, durch das Verhalten der Zunge, des Kehldeckels u. s. w. beeinträchtigt ist.

Man muss somit entweder Spiegel von grösserer Brennweite benützen, oder nicht mit dem verkehrten verkleinerten, sondern mit dem gleichgrossen oder vergrösserten Flammenbilde oder mit den Strahlen vor oder auch nach ihrer Vereinigung zu diesen Bildern beleuchten. Die Lampe muss daher weniger weit hinter der Mundöffnung aufgestellt werden, als wenn man die Stimmritze untersuchen will. Die Beleuchtung dieser Theile ist eine bedeutend unvollkommenere als jene der höher oben gelegenen.

Ich habe dem Concavspiegel einen beträchtlich grösseren Durchmesser gegeben (l. c. 6), als jener, der bis dahin zum praktischen Gebrauch verwendet war. Ich gab nämlich meinen Spiegeln einen Durchmesser von 4 Zoll. Dadurch gewann ich aber beträchtlich an Lichtstärke. Ein so grosser Spiegel lässt sich bei grösserer Mundöffnung und Anwendung des Zungenhalters der ersteren gehörig nähern, ohne dass Strahlen abgeblendet werden. Wenn aber auch dieses letztere eintritt, so gewährt ein grösserer Spiegel dennoch den Vortheil, dass bei etwaigen Bewegungen des Kranken und bei den zur Untersuchung der einzelnen Theile nothwendigen Manipulationen des Kehlkopfspiegels und des Beleuchtungsspiegels die zu besichtigenden Theile nicht so leicht ausserhalb des Beleuchtungsbezirkes, d. h. in Schatten gerathen, wie bei kleineren Spiegeln.

Von grosser Wichtigkeit ist die Berücksichtigung (l. e. 10) des eben erwähnten Umstandes, dass die Intensität der Beleuchtung um so geringer wird, je grösser der Winkel ist, welchen die Axe des von der Lampe auf den Beleuchtungsspiegel geworfenen Strahlenkegels mit der Axe des von letzterem reflectirten Strahlenkegels bildet.

Wenn man diesen Satz auf die horizontale Ebene bezieht, folgt daraus, dass man die Lampe so nahe als möglich an die Seite des Kopfes zu bringen habe. Bezieht man ihn auf die verticale Ebene, so folgt daraus, dass die Lampe, die centrale Oeffnung im Belege des Beleuchtungsspiegels, der Mundkanal und der Kehlkopfspiegel annähernd in einer und derselben Horizontalebene zu liegen haben.

Wenn man den Kranken bei gerade gehaltenem oder nur mässig zurückgebeugtem Kopfe untersucht, kann man dieser letzteren Forderung der Optik ziemlich vollkommen oder annähernd genügen. Man hilft sich dabei durch Unterlagen unter den Sitz des Kranken oder unter den eigenen, auch wohl, wenn man sich nicht der später zu erwähnenden Vorrichtung bedient, unter die Lampe.

Anders würde es sich verhalten, wenn man, um z. B. den vorderen Winkel der Stimmritze zu sehen, bei stärker nach rückwärts gebeugtem Kopfe untersuchen wollte, denn hier käme (s. Fig. II.) der Kehlkopfspiegel viel tiefer, als die Mundöffnung und das centrale Loch im Beleg des Hohlspiegels zu stehen; die stärkere Neigung, die man letzterem nach abwärts geben müsste, wäre mit einem grossen Verlust von Leuchtkraft verbunden. Um diesen Uebelstand möglichst zu beseitigen, bringe ich, insbesondere, wenn mir nur eine gewöhnliche Moderateurlampe zu Gebote steht, den zu Untersuchenden in eine Stellung, in welcher auch bei stark überbeugtem Kopfe der von der Mundöffnung zum Kehlkopfspiegel führende Kanal annähernd horizontal liegt. Nachdem sich die Bauchlage zu dem Behufe als unpassend erwiesen, kam ich dadurch zum Ziele, dass ich den zu Untersuchenden mit stark nach vorne geneigtem Oberleibe und nach hinten überbeugtem Kopf auf einem höheren Stuhle sitzen, oder dass ich ihn auch frei stehen liess, wobei er sich dann auf einen Stuhl, einen in der Hand gehaltenen Besen u. dgl. aufstützte, oder den Rumpf über einen Tisch legte, (l. c. 13). Bei Anwendung einer Lampe mit doppeltem Cylinder (s. unten) ist es mir jedoch schon gelungen, Kranke in aufrechtsitzender Stellung bei stark nach rückwärts überbeugtem Kopfe mit noch so beträchtlich intensivem Lichte zu untersuchen, dass ich mich gerade noch einer Vergrösserungsvorrichtung bedienen konnte.

Als Lichtquelle hat man bisher, wie beim Augenspiegel, eine gewöhnliche Moderateurlampe benützt. Ich habe schon vor längerer Zeit (l. c. 6) eine solche mit doppeltem Cylinder vorgeschlagen.

Um die Lampe stets in die gehörige Stellung zum Kopfe des zu Untersuchenden bringen zu können, ein Erforderniss, dessen Wichtigkeit aus dem bisher Gesagten hinreichend erhellt, bediene ich mich einer Lampe mit seitlichem Arm. Der Körper der Lampe ist auf einer ihm als breitere Basis dienenden schweren Metallplatte, um seine Längenaxe drehbar. Als Träger dient das mit einer geränderten Platte versehene, höher und niederer zu stellende Mittelstück eines Dreifusses (ähnlich, wie auf Fig. 26).

Ohne solche Vorrichtung behilft man sich, wie bisher angegeben wurde, durch Unterlagen, Vorwärtsneigen der Lampe.

Lewin (Allg. med. Central-Zeitung) concentrirt erst das Lampenlicht mittelst eines dem Kramer'schen ähnlichen Apparates, und wirft es von hier aus auf den Beleuchtungsspiegel.

Nach Versuchen, die ich mit Pinolinlampen anstellte, scheinen diese keinen Vorzug vor den Oellampen zu verdienen.

Das Drummond'sche Licht gibt, wenn man es mittelst eines Hohlspiegels concentrirt, Bilder von ausserordentlicher Helligkeit, jedoch, von weisslicher Farbe. Es reicht hier schon die wegen der Grösse der beleuchteten Scheibe viel bequemer zu benützende Concentration hin, bei welcher nahezu parallele Strahlen erzeugt werden.

Die künstliche Beleuchtung mittelst Glaskugeln und grösserer Concavspiegel.

Ich versuchte einst (l. e. 3, 5) grosse hohle, mit Wasser gefüllte Glaskugeln, sogenannte Schusterkugeln in grossem Maassstabe, welche vor einer Pumplampe angebracht waren, zur laryngoskopischen Untersuchung zu benützen.

Hierbei befindet sich die Glaskugel nahe hinter dem Kopfe des Beobachters, und die Strahlen fallen, wie bei Benützung des directen Sonnenlichtes, neben seinem Kopfe vorbei auf den zu Untersuchenden.

Die Beleuchtungsart mittelst Concavspiegel und meines Beleuchtungsapparates verdient jedoch, abgesehen von der Schwierigkeit des Transportes solcher Kugelapparate, wegen der grösseren Lichtintensität, und auch darum den Vorzug, weil man es dabei vollkommen in der Hand hat, in jedem Moment das Licht auf beliebige Stellen zu werfen, was bei einem Kugelapparat nicht der Fall ist.

Ich benütze letztere Beleuchtungsart gegenwärtig fast nur, um nach dem Vorgange von Watson und Green mittelst eines an einem gekrümmten Fischbeinstabe befestigten Schwammes medicamentöse Flüssigkeiten in den Kehlkopf zu bringen*).

Als Stativ für die Glaskugel verwende ich ein vom Mechaniker Hauek bisher zu anderen Zwecken gebrauchtes Stativ mit einer

---

*) Auch hierbei bediene ich mich häufig mit Vortheil meines Zungenhalters, welcher vom Kranken gehandhabt wird. Oefter gelingt es hierauf, den Kehlkopf mit den Fingern der linken, früher zum Halten des Kehlkopfspiegels verwendeten Hand gegen den in seinem Innern befindlichen Schwamm anzudrücken. Zur Ermittlung der geeigneten Länge und Krümmung der Fischbeinstäbe und Aetzmittelträger lassen sich sehr gut die auf der Steindrucktafel dargestellten Durchschnitte benützen.

derartig gekrümmten Säule, dass der Schwerpunkt der Kugel ungefähr in die Mitte des Stativs fällt (Fig. 27).

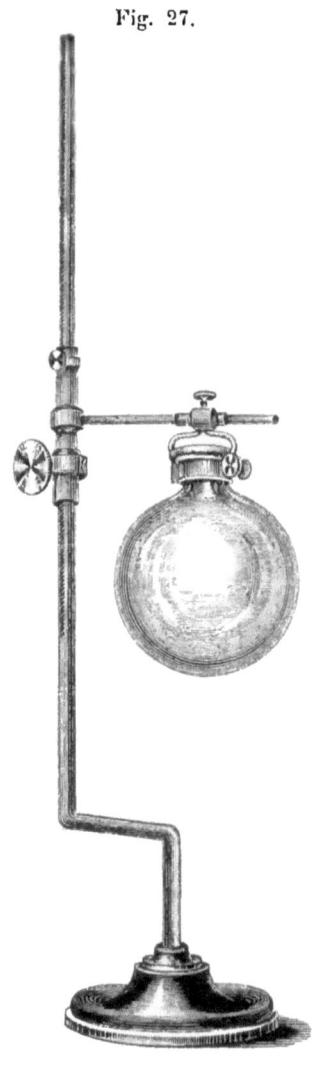

Fig. 27.

Um die Kugel mit Leichtigkeit in die passende Stellung bringen zu können, liess ich einen mit einer grossen geränderten Schraube versehenen Trieb und eine durch eine Schraube zu fixirende, um ihre Axe drehbare Hülse anbringen *).

Das Stativ mit der Kugel steht auf einer zu meiner rechten Hand befindlichen Tischecke, hinter ihr die Lampe, mir gegenüber sitzt der Kranke.

Zu gleichem Zwecke jedoch, wie es nach einigen Versuchen scheint, weniger vortheilhaft, lässt sich mein, zu dem Ende mit einem Concavspiegel von grösserem Durchmesser und geringerer Brennweite versehener Beleuchtungsapparat verwenden. Die Lampe und der Concavspiegel befinden sich wieder rechts hinter mir, die Lampenflamme zwischen dem Krümmungsmittelpunkt und Brennpunkt. Das Licht fällt wieder, wie bei der Kugelbeleuchtung, an der rechten Seite meines Kopfes vorbei auf den Kranken **).

Eine ähnliche Beleuchtung mittelst eines sehr grossen, hinter dem Beobachter aufgehängten Hohlspiegels war früher schon von Dr. Störk zum Behufe laryngoskopischer Untersuchung versucht worden (Zeitschr. der Gesellsch. d. Ä. Nr. 46, 1859).

---

*) Dr. Störk theilte mit (Zeitschr. d. G. d. Ä. Nr. 46, 1859), dass ein Zeichenkünstler eine solche Kugel auf einer auf- und abwärts schraubbaren Querleiste aufgehangen habe.
**) Mitunter genügt zur Vornahme derartiger Applicationen auf das Kehlkopfsinnere das gewöhnliche Tageslicht.

Die Untersuchung bei directem Sonnenlicht.

Der zu Untersuchende kehrt der Sonne die Augen zu, die ich gewöhnlich durch eine Binde bedecken lasse, und neigt den Kopf dem Stande der Sonne entsprechend mehr weniger nach rückwärts. Dem entsprechend kann der Beobachtende entweder sitzen oder muss bei etwas höherem Stande der Sonne stehen. Die Sonnenstrahlen fallen an der Seite des Kopfes vom Beobachter, und zwar, wenn er den Kehlkopfspiegel in der rechten Hand hält, an dessen rechter Seite auf den im Rachenraume befindlichen Spiegel.

Das Abblenden der Sonnenstrahlen durch den eigenen Kopf kann man sehr leicht verhindern, und es ist häufig ganz überflüssig, die directen Sonnenstrahlen erst mittelst eines Concav- oder Planspiegels aufzufangen und auf den Kehlkopfspiegel zu reflectiren, wie dies Czermak („der Kehlkopfspiegel" 1860, pag. 18) in allen Fällen mittelst seines obenangeführten Spiegelträgers thut. Der wichtigste Grund, den er dafür angibt, ist der, „dass der dabei zu Beobachtende in jeder dem Bedürfniss entsprechenden Stellung und Lage untersucht werden kann".

Ich lenke das directe Sonnenlicht nur dann ab, wenn der Stand der Sonne dem specielleren Zwecke meiner Untersuchung nicht entspricht und bediene mich hiezu eines auf meinem Beleuchtungsapparate an der Stelle des Concavspiegels angeschraubten Planspiegels, welcher entweder ein centrales Loch im Spiegelbeleg oder einen seitlichen Ausschnitt besitzt, oder auch eines Concavspiegels, jedoch von viel grösserer Brennweite, als die bisher gebräuchliche, nämlich von 20 Zoll und darüber.

Wenn man bei gerade gestelltem Kopf einer horizontalen oder beinahe horizontal einfallenden Beleuchtung bedarf, somit, wenn man die hintere Wand des Kehlkopfes, die Luftröhre bis in die Bronchien untersuchen will, muss man beinahe immer zum reflectirten Licht seine Zuflucht nehmen.

Hierbei stelle ich vor allem den Planspiegel ungefähr in gleiche Höhe mit dem Munde des mit gerade gehaltenem Kopf auf einem Stuhle sitzenden Kranken, verschiebe hierauf den meinen Beleuchtungsapparat tragenden Dreifuss oder Stuhl so lange, bis der von der Sonne getroffene Planspiegel seinen Schatten auf den Fussboden wirft. Hierauf setzt sich der Kranke mit dem Rücken und der rechten Gesichtshälfte schief der Sonne zugekehrt und wird dem zu seiner Rechten und vor ihm befindlichen Planspiegel in der Art nahe gerückt, dass zwischen dem Schatten des Planspiegels und jenem des Kopfes vom Kranken am Fussboden eben noch ein schmaler, beleuchteter Streifen sicht-

Fig. 28.

bar bleibt (Fig. 28). Endlich hat die auf dem Gesichte des Kranken zum Vorschein kommende beleuchtete Scheibe rund zu sein und ihre

Mitte ungefähr auf den Mund des Kranken zu treffen. — Alle diese Umstände sind für das Gelingen der Untersuchung wichtig.

Auf Fig. 28 sind auch die später zu erwähnende Vergrösserungsvorrichtung und die Verwendung der beiden Hände des Kranken zum Aufheben der Oberlippe und zur Führung des Zungenhalters sichtbar gemacht. Wie sich aus früher Gesagtem ergibt, ist diese Verwendung der Hände bei künstlicher Beleuchtung, wo das Lampenlicht neben der linken Gesichtshälfte des Kranken einfällt, die umgekehrte.

Wenn die Untersuchung länger dauert, z. B. bei der Anfertigung von Abbildungen, beim Demonstriren muss man dem Lauf der Sonne folgend die Stellungen ändern.

Will ich im Gegentheil bei stark nach rückwärts gebeugtem Kopf untersuchen, z. B. behufs der Besichtigung des vorderen Winkels der Stimmritze, und die Sonne steht sehr tief oder überhaupt nur nicht hoch genug, so stelle ich mich vor den sitzenden Kranken, ziehe den Planspiegel so weit in die Höhe, dass er dicht unter mein Auge zu stehen kommt, und bin so im Stande, die auf denselben einfallenden Sonnenstrahlen durch gehörige Einstellung des an meinem Apparat unterhalb des zweiten Kugelgelenkes befindlichen Scharnieres (Fig. 26) in so verticaler Richtung, als ich nur immer will, nach abwärts in den Mund des zu Untersuchenden zu werfen.

Selbstverständlich geht durch diese Reflexionen Licht verloren, und zwar um so mehr, unter einem je grösseren Winkel sie statt haben.

Die Vergrösserungsvorrichtungen.

A. Die Perspectivlupe.

Vor einiger Zeit versuchte ich vergrösserte Kehlkopfsbilder zu gewinnen, indem ich hinter dem centralen Loch im Beleg des Beleuchtungsspiegels eine Sammellinse anbrachte (l. c. 7) oder mich starker Convexbrillen bediente. Hierauf (l. c. 8) verwendete ich eine Abart des Galiläischen Fernrohres, eines kleinen Theaterperspectives, welches eine Focaldistanz von circa 9 bis 15 Zoll erhielt, oder mit mehr Vortheil eine noch viel kleinere achromatische Lupe in Form eines Perspectives, welche Plössl auf mein Verlangen, ein ähnliches, möglichst kleines Instrument von einer Focaldistanz von 8—25 Zoll zu besitzen, construirte und in vorzüglicher Weise ausführte. Diese Plössl'sche Perspectivlupe hat nur ein Objectiv, während die Brücke'sche deren zwei besitzt.

Ich bringe sie an meinem künstlichen Beleuchtungsapparat hinter dem centralen Loch im Belege des Beleuchtungsspiegels oder auch in einem seitlichen Ausschnitt dieses letzteren an.

Wenn die geringste Entfernung, in der man den concaven, oder wenn man sich des Sonnenlichtes bedient, planen Beleuchtungsspiegel vor der Mundöffnung des zu Untersuchenden aufstellt $4\frac{1}{2}$ bis 5 Zoll, die Entfernung der Mundöffnung von dem Kehlkopfspiegel 3 Zoll, und die Entfernung des nächsten Gegenstandes der Untersuchung, z. B. der Seitenwände des Pharynx $\frac{1}{2}$ Zoll vom Spiegel beträgt, so wird sich die Entfernung des Spiegelbildes eines solchen nächsten Gegenstandes vom Beleuchtungsspiegel auf $4\frac{1}{2} + 3 + \frac{1}{2}$ = 8 Zoll belaufen. Das Minimum der Focaldistanz für die ganz nahe hinter dem Beleuchtungsspiegel befindliche Lupe hätte also etwas über 8 Zoll zu betragen.

Wenn man dagegen die entferntest gelegenen Theile, also die Bronchien untersuchen will, so hat man für die Entfernung der Mundöffnung zum Kehlkopfspiegel 3 Zoll, von ihm zur Stimmritze 3 Zoll, von hier bis zur Bifurcation der Luftröhre $5\frac{1}{2}$ Zoll, die Länge des rechten Bronchus $9'''$ und sollte man auch in einem ganz besonders günstigen Fall viel tiefer in den linken hineinsehen können, die Länge des linken Bronchus $1''\,9'''$, somit $3 + 3 + 5\frac{1}{2} + 1\frac{3}{4} = 13\frac{1}{4}$ Zoll. Rechnet man dazu noch die Entfernung der Lupe von der Mundöffnung und zwar grösser als gewöhnlich, also etwa 7 Zoll, so erhält man im Ganzen über 20 Zoll als Maximum der Focaldistanz. Innerhalb dieser Focaldistanzen vergrössert die Plössl'sche Perspectivlupe $2\frac{1}{2}$ bis 5 Mal.

Wenn man ein solches optisches Instrument hinter der centralen Oeffnung des Concavspiegels anbringen will, so ist vor Allem zu berücksichtigen, dass die Axe des optischen Instrumentes mit jener des Hohlspiegels nicht zusammenfällt. Die Lampe wird nämlich seitlich hinter dem Kopfe des zu Untersuchenden angebracht, während der Hohlspiegel, dessen Mittelpunkt sich gerade vor dem zu Untersuchenden zu befinden hat, in der Art rotirt wird, dass die auf ihn auffallenden Strahlen in den Mund des zu Untersuchenden zurückgeworfen werden. Es fällt die Axe des Hohlspiegels weder mit jener des von der Lampenflamme zu ihm gesendeten Strahlenkegels, noch mit jener des von ihm in den Mund des zu Untersuchenden reflectirten Strahlenkegels zusammen, sondern sie liegt zwischen diesen beiden; die Axe des optischen Instrumentes fällt dagegen in die Verlängerung der Axe des letztgenannten Strahlenkegels, sie bildet also mit der Axe des Hohlspiegels einen Winkel. Da man nun aber bei jeder Untersuchung genöthigt ist, den Hohlspiegel nach den verschiedensten Richtungen zu rotiren, so muss man auch im Stande sein, das optische Instrument so zu stellen, dass seine Axe in allen Richtungen mit jener des Hohlspiegels beliebige Winkel bilden kann.

Es sollen endlich alle Bewegungen der Lupe mit grosser Leichtigkeit durch eine einzige Hand vollführt und die gegebenen Stellungen ohne weiteres Zuthun beibehalten werden.

Ich suchte diesen Forderungen zu entsprechen, indem ich an das Prisma meines Beleuchtungsapparates einen diesem letzteren ganz gleichen Mechanismus in verjüngtem Maassstabe als Träger der Lupe anfügen liess*).

Fig. 29.

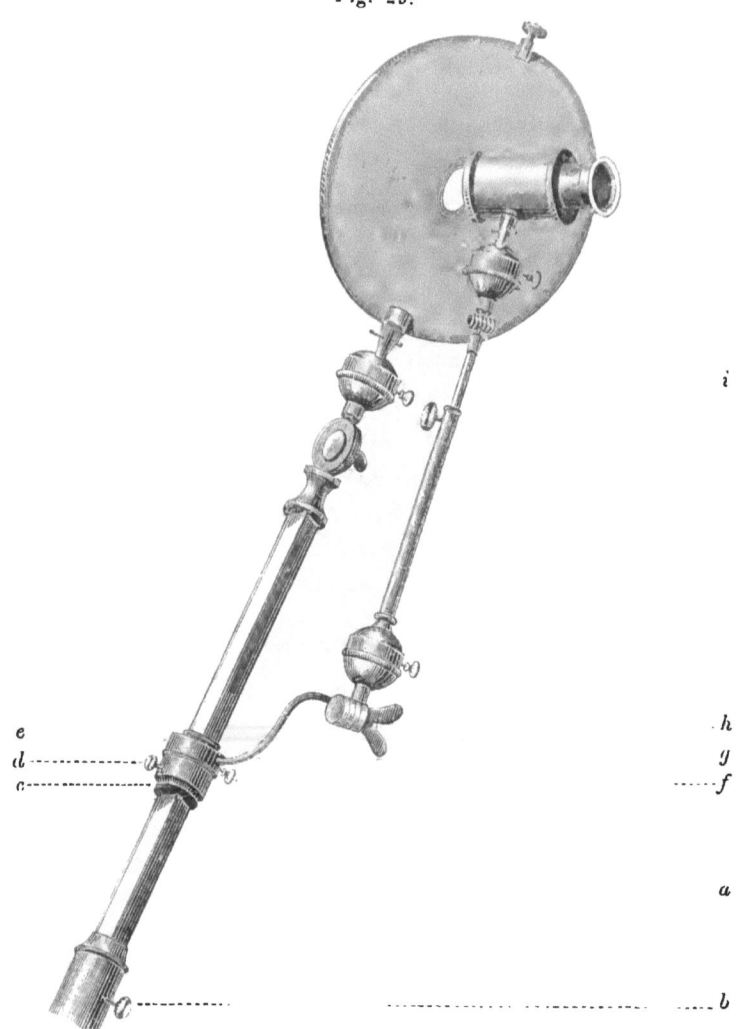

Fig. 29. *a* Prisma des Beleuchtungsapparates, *b* dessen Stellschraube, *c* auf dem Prisma verschiebbare, mit einer Stellschraube (*d*) versehene Hülse, *e* mit einer Klemmschraube (*f*) versehener, um die Längenaxe der Hülse *c* drehbarer gebrochener Ring, *g* der an ihn befestigte Arm des Lupenträgers.

Bei der Anwendung beleuchte ich erst den weichen Gaumen und das Zäpfchen auf die gewöhnliche Art mittelst des Hohlspiegels. Hierauf fixire ich die Rohre und das Prisma des Beleuchtungsapparates, die Hülse *c* und den Ring *e* mittelst der entsprechenden Stellschrauben

---

*) Die Perspectivlupe kostet beim Optiker Plössl 5 fl. österr. W. und dasselbe der Lupenträger beim Mechaniker Hauck.

sowie auch das vom Arme g getragene Scharnier mittelst seiner Flügelschraube (h) während das Prisma (i) des Lupenträgers frei spielt. Ich stelle nun die Lupe hinter dem centralen Loch des Hohlspiegels so ein, dass ich die genannten Theile scharf sehe. Hierauf führe ich, indem ich neben dem Hohlspiegel weg sehe, den Kehlkopfspiegel ein und verwende die frei gebliebene linke Hand abwechselnd zum Richten des Hohlspiegels und des optischen Instrumentes, zu dem vor allem nöthigen Zusammenschieben oder Ausziehen seiner Rohre und zum Richten des Kopfes und Zungenhalters.

Untersuche ich bei reflectirtem directen Sonnenlicht, so verfahre ich ebenso bei einem Planspiegel mit central durchlöchertem Beleg, oder ich verwende einen Planspiegel, der mit einem seitlichen halbmondförmigen Ausschnitt zur Aufnahme der Perspectivlupe (Fig. 28) versehen ist.

Behufs der leichteren Anwendung der Lupe liess ich das centrale Loch im Spiegelbelege viel grösser machen, als dies bis dahin gebräuchlich war, nämlich bis 5''' und noch mehr im Durchmesser. Dadurch wird auch die gewöhnliche Untersuchung ohne Lupe erleichtert.

Benütze ich das directe, nicht reflectirte Sonnenlicht, so verwende ich meinen gewöhnlichen mit keiner Vergrösserungsvorrichtung versehenen Beleuchtungsapparat als Lupenträger, indem ich anstatt des Concavspiegels die Lupe an das obere Nussgelenk (Fig. 26 f) anschraube.

Da sich bei dieser Art der Untersuchung das Abblenden der Lichtstrahlen durch den Kopf des Beobachters um so besser vermeiden lässt, je weiter sich der Beobachter vom Beobachteten entfernt, bediene ich mich hiebei mit noch mehr Vortheil einer viel grösseren von Plössl angefertigten Perspectivlupe, welche bei einer sehr beträchtlichen Focaldistanz noch die bedeutende Vergrösserung von $3\frac{1}{2}$ darbietet.

Ein zweiter Beobachter kann, da er beide Hände zur Verfügung hat, eine solche Perspectivlupe frei halten, beide haben hierbei den folgenden Kunstgriff anzuwenden. Man sucht erst das Bild mit unbewaffnetem Auge, setzt sich sodann durch Schliessen des einen Auges darüber ins Reine, mit welchem Auge man eigentlich gesehen hat, fixirt sodann mit diesem Auge fortwährend das Bild, indess man den Kopf völlig unbeweglich hält und zugleich die frei in der Hand gehaltene oder an meinem Beleuchtungsapparat befestigte und im letzteren Falle schon vorläufig angenäherte Perspectivlupe vor das Auge führt. Verfährt man anders, so gelangt man wegen der Kleinheit des Gesichtsfeldes einer solchen Lupe nur äusserst schwer zum Ziele.

B. Die concaven Kehlkopfspiegel.

Dr. Gustav Wertheim liess schon im Sommer 1859, bevor ich noch meine Vergrösserungsvorrichtungen ins Werk gesetzt hatte, einen concaven Kehlkopfspiegel anfertigen, um vergrösserte Kehlkopfbilder zu erhalten. Bei einem mit ihm gemeinschaftlich vorgenommenen Versuche zeigten sich die Bilder so verzerrt, dass sie nicht brauchbar waren. Ich stellte die Entscheidung über den Nutzen solcher Spiegel, wenn sie mit grösseren Brennweiten versehen und etwa auch mit anderen Vergrösserungsvorrichtungen in Verbindung gebracht würden, ferneren Versuchen anheim (l. c. 8). Ich habe solche seitdem angestellt, und die concaven Kehlkopfspiegel erwiesen sich dabei wirklich, wenn ich sie mit gewissen Brennweiten versah, unter Umständen als zweckentsprechend.

Es handelt sich hier um Gewinnung eines aufrechten vergrösserten Bildes hinter dem Spiegel. Ein solches erzeugt sich bekanntlich, sobald sich der Gegenstand zwischen dem Spiegel und seinem Brennpunkte befindet. Es muss demnach der Gegenstand näher am Spiegel stehen als die Brennweite des letzteren beträgt. Je geringer aber die Brennweite des Spiegels ist, um so stärker wird die Vergrösserung.

Der Kehlkopfspiegel kommt ungefähr 3 Zoll oberhalb der Stimmbänder zu stehen. Man sollte demnach einen concaven Kehlkopfspiegel von 4 Zoll Brennweite zur Untersuchung jener für geeignet halten; dies ist jedoch nach meinen Versuchen nicht der Fall. Man bedarf eines Spiegels von viel grösserer Brennweite. Eine Brennweite von 7 Zoll ist bei erwachsenen männlichen Individuen noch zu gering, indem dabei die Stimmbänder immer noch verzerrt erscheinen; sie eignet sich für kleinere Individuen. Ein Spiegel von 9 Zoll Brennweite passt zur Besichtigung der Stimmbänder bei Erwachsenen. Die zunächst tiefer gelegenen Theile, z. B. die vordere Kehlkopfswand erscheinen aber schon wieder als Zerrbild. Wie ich mich durch Messungen überzeugte, ist die Vergrösserung eines solchen Spiegels in einer Entfernung von 3 Zoll vom Gegenstand nur sehr gering, sie beträgt nur ein Fünftheil, d. h. ein Gegenstand von 5''' erscheint 6''' lang.

Will man tiefer gelegene Theile untersuchen, so muss man noch grössere Brennweiten anwenden, dann wird aber die Wirkung beinahe Null sein.

Eine stärkere Vergrösserung lässt sich dagegen bei nahe gelegenen Theilen erzielen, so kann man z. B. den Zungengrund oder den freien Rand des Kehldeckels, die 1—1½ Zoll unterhalb des Spiegels zu liegen kommen mit einem solchen von 5 Zoll Brennweite sehr gut untersuchen und erreicht dabei eine Vergrösserung von $1/5$, bei 2 Zoll Entfernung $1/2$. Die tiefer gelegenen Santorinischen Knorpel geben in einem solchen Spiegel schon Zerrbilder.

Nimmt man einen Spiegel von 4 Zoll Brennweite so hat man für 1 Zoll Entfernung ungefähr $1/4$, für 1½ Zoll Entferung $1/2$, für 2 Zoll Entfernung noch etwas mehr, somit für die Untersuchung des Zungengrundes und des oberen Abschnittes vom Kehldeckel eine Vergrösserung von $1/4$ bis über $1/2$.

Aus dem Gesagten ergibt sich, dass die concaven Kehlkopfspiegel insbesondere wegen der Leichtigkeit der Anwendung und Wohlfeilheit sehr zu empfehlen sind, dass sich dadurch jedoch keine so starken Vergrösserungen wie durch die Perspectivlupe erzielen lassen, und dass sie demnach die letztere insbesondere bei Untersuchung der Stimmritze und der tiefer gelegenen Theile nicht entbehrlich machen.

Eine Combination beider ist sehr zweckmässig, indem sich dabei die beiderseitigen Vergrösserungen multipliciren.

Den concaven Kehlkopfspiegeln liess ich selbstverständlich die Gestalt und Grössen meiner runden Spiegel geben.

Vorrichtung zur Fixirung des Kehlkopfspiegels.

Ich habe zuerst der Fixirung des Kehlkopfspiegels Erwähnung gethan, indem ich mir die Mittheilung einer dazu geeigneten Vorrichtung vorbehielt (l. c. 11), welche später (l. c. 16) erfolgte.

Der über das gewöhnliche Maass verlängerte Stiel des Kehlkopfspiegels wird unmittelbar vor dem Griffe in eine mit einer Stellschraube versehene Klammervorrichtung gebracht, innerhalb welcher

Fig. 30.

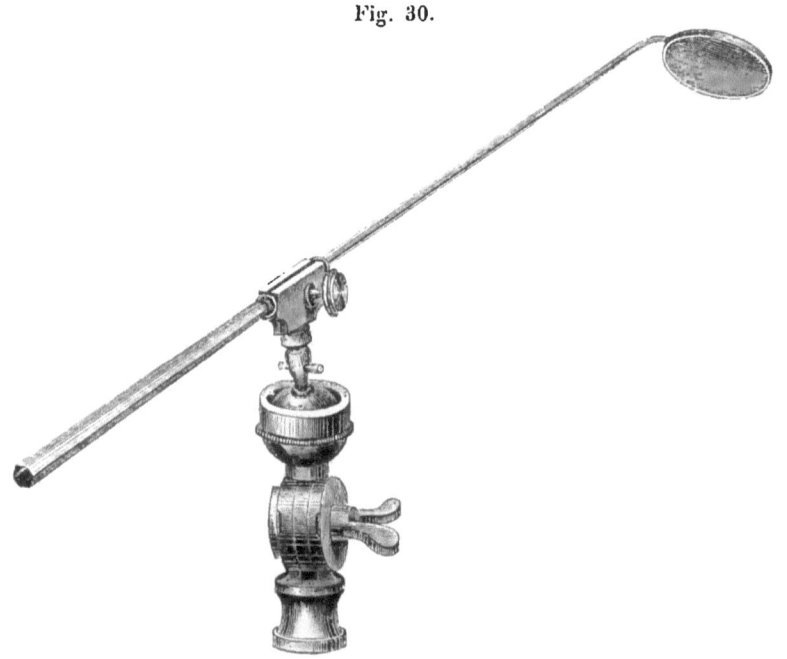

der Stiel um seine Längenaxe rotirt werden kann, während das Ausgleiten nach rückwärts durch ein vor der Klammer am Stiele sitzendes Scheibchen verhindert wird. Die Klammervorrichtung wird an das obere Kugelscharnier meines Beleuchtungsapparates (Fig. 26 f) anstatt des Concavspiegels angeschraubt (Fig. 30).

Es würde sich dazu auch ein kleiner, wie mein Lupenträger nur mit einer Schiebstange versehener Apparat eignen, den man etwa an die Lehne eines für laryngoskopische Untersuchung eigens eingerichteten Stuhles oder vielleicht selbst mittelst einer starken Stirnbinde befestigen könnte.

Bei der Anwendung wird der Kehlkopfspiegel eingeklemmt, wie dies die Abbildung zeigt, hierauf erst erwärmt und eingeführt, wobei der Apparat einen nicht schwer zu überwindenden Widerstand leistet und der Spiegel in der ihm gegebenen Stellung verharrt.

Der Kopf des Kranken braucht nicht immer fixirt zu sein und ein Gehilfe ist kaum nöthig.

Während man nun die linke Hand wie gewöhnlich zur Regulirung der Beleuchtung, zum Richten des Kopfes, des Kehlkopfspiegels u. s. w. verwenden kann, bekommt man die rechte ganz frei und es ist somit der Nutzen dieser Vorrichtung, zumal bei topischen Applicationen am Kehlkopf, an sich klar.

Die Untersuchung mittelst der durch die Tracheotomie gesetzten künstlichen Oeffnung.

Dr. Neudörfer, der Erfinder dieser Untersuchungsmethode bedient sich einer eigens construirten Canüle, deren längerer Schenkel in der Luftröhre zu liegen kommt. Er führt ein ganz kleines, an einem dünnen Stiel befestigtes Metallspiegelchen ein, welches mit seiner spiegelnden Fläche nach aufwärts gekehrt, durch das in der Canüle angebrachte Loch hindurch die oberhalb befindlichen Kehlkopfstheile beleuchtet und abspiegelt (s. österr. Zeitschr. f. prakt. Heilkunde Nr. 46, 1858). Prof. Czermak hatte zuerst Gelegenheit, diese Untersuchungsmethode in pathologischen Fällen anzuwenden (s. Wien. med. Wochenschr. Nr. 11, 1859).

Fig. 31.

In der Absicht, die von Dr. Neudörfer angegebene Canüle möglichst zu verbessern, stellte ich Versuche mit verschiedenen Instrumenten an, die ich nach dem Principe des Kramer'schen Ohrenspiegels und des Ricord'schen Scheidenspiegels anfertigen liess, welche jedoch zu keinem genügenden Resultate führten. Zweckentsprechender dürfte die hier (Fig. 31) abgebildete Vorrichtung sein (l. c. 12). Sie besteht aus einem ganz kurzen, die Länge des Wundkanales nicht überragenden Rohr von Packfongblech, in dessen beiden Rändern sich je ein Ausschnitt befindet. Beide Ausschnitte stehen sich gegenüber und sind so tief, dass sie nur durch eine schmale Brücke von einander getrennt werden. In der Entfernung eines Viertelkreisbogens von ihnen ist ein dünner, biegsamer, seitlich gekrümmter, mit einer ringförmigen Handhabe versehener Stiel angebracht. Bei der Einführung in den Wundkanal kommen die Ausschnitte nach abwärts zu liegen, während der Griff von einem Gehilfen gehalten wird. Das kleine ovale Spiegelchen, bei dem ich an der Ansatzstelle des Stieles zur Vermeidung des Kniees dieses letzteren, einen kleinen herzförmigen Ausschnitt anbringen liess, reitet mit seinem willkürlich zu krümmenden Stiel auf der zwischen den beiden Ausschnitten des Rohres befindlichen Brücke.

Die Vortheile, welche durch diese Vorrichtung erzielt werden sollen, bestehen darin, dass 1. für das Spiegelchen möglichst viel Raum und eine möglichst freie Beweglichkeit gewonnen wird, dass 2. je nach Bedarf nicht bloss das Rohr sammt Spiegelchen um seine Längenaxe rotirt, sondern auch durch verschiedene Neigungen des Rohres die Richtung des von ihm ausgekleideten Wundkanales einigermaassen abgeändert werden kann. In älteren Fällen, wo das Aus- und Einführen der Canülen keine Blutungen und andere Beschwerden mehr verursacht, würde man bei einem kleinen Vorrath solcher billiger Instrumente von verschiedenem Caliber und verschiedener Länge bis zu viel grösserer als auf der Abbildung, in der Lage sein, in vorkommenden Fällen sogleich die Untersuchung vorzunehmen. Ueber den praktischen Werth dieser Vorrichtung müssen erst zahlreichere Beobachtungen, als meine bisherigen, entscheiden.

Dass die Beleuchtung bei der aufrechten Stellung des Kranken nahezu horizontal einfallen müsse, und wie solche zu bewerkstelligen sei, ergibt sich aus dem früher über diesen Gegenstand Gesagten.

Die Rhinoskopie.

Bozzini hat schon 1807 in seinem „Lichtleiter" die Idee ausgesprochen, die Gegend hinter dem weichen Gaumen mit Hilfe einer doppelten Röhre zu beschen, wovon die eine an ihrem Ende einen gehörig geneigten beleuchtenden Hohlspiegel, die andere einen das Bild reflectirenden Planspiegel trägt, und Wilde (Ohrenheilkunde 1855) spricht davon, einen kleinen Spiegel zur Besichtigung der Tubenmündung versucht zu haben. Czermak hat zuerst die Inspection des *cavum pharyngo-nasale* mittelst des Kehlkopfspiegels am Lebenden geübt (Wien. med. Wochenschr. Nr. 32, 1859).

Er zieht dabei den durch Intoniren eines nasalirten Vocales erschlafften weichen Gaumen mittelst einer Oese oder eines Hakens nach vorne und oben, um darunter einen kleinen, mit der spiegelnden Fläche nach aufwärts gekehrten Kehlkopfspiegel einzuführen.

Ich habe (l. c. 13) den Vorschlag gemacht, behufs der rhinoskopischen Untersuchung das Zäpfchen und mit ihm den weichen Gaumen hervorzuziehen. Ich bediente mich dazu erst eines gekrümmten zangenförmigen, später (l. c. 15) des Instrumentes, welches Fig. 32 im verjüngten Maassstabe abgebildet ist. Dasselbe besteht, ähnlich der von Civiale modificirten Hunter'schen Steinzange, aus einem rückwärts mit einem Ringe für den Daumen versehenen, vorne in zwei schmale federnde Theile gespaltenen Stabe. An ihren Enden laufen diese Theile in zwei breite, ebene, kreuzweise gekerbte Blätter aus, welche zum Fassen des Zäpfchens bestimmt sind. Jener Stab steckt in einem Rohre, durch dessen Vorschieben die federnden Theile einander genähert und die gekerbten Blätter geschlossen werden. Zur Aufnahme des Zeige- und Mittelfingers befinden sich am hinteren Ende dieses Rohres zwei in ein und derselben Ebene gelegene Ringe. Zur Fixirung des Rohres in der vorgeschobenen Stellung ist wie bei dem Civiale'schen Instrument eine Stellschraube angebracht *).

Fig. 32.

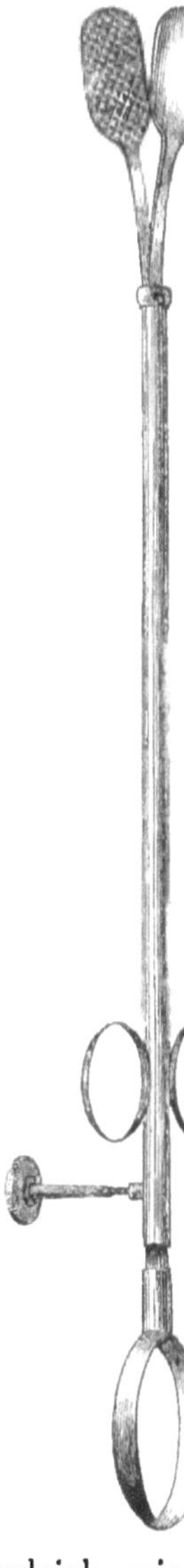

Bei der laryngoskopischen Untersuchung lasse ich vor Allem die Zunge durch den Kranken selbst mittelst des Zungenhalters niederdrücken. Das bisher von mir geübte Abtrocknen des Zäpfchens, welches ich durch Charpiepinsel bewerkstellige, ist in vielen Fällen unnöthig, denn wenn die Blätter der Zange nicht zu schmal, wenn sie tief genug gekerbt und endlich die sie tragenden Arme nicht zu dünn und gehörig gestellt sind, so dass sich beim leeren Schliessen des Instrumentes die beiden Blätter gänzlich berühren, gelingt es, das Zäpfchen auch trotz des Schleimüberzuges hervorzuziehen und eine Zeit lang festzuhalten.

Beim Schliessen der Blätter hat man darauf zu achten, dass der im Rohre steckende Stab mittelst des unbeweglich gehaltenen Daumens fixirt bleibe, während man das Rohr über ersteren hinweg nach vorwärts schiebt, da sich die Blätter sonst im Momente des Schliessens wieder vom Zäpfchen entfernen. Das Rohr ist aber sehr rasch nach vorne, so viel als möglich völlig über die vorher beölten federnden Arme zu schieben um das Zäpfchen gehörig zusammenzudrücken, welches keinen oder nur unbedeutenden Schmerz verursacht und höchstens ein Paar kleine Ecchymosen zurücklässt.

Unmittelbar nach dem Schliessen der Blätter fixirt man sie mittelst der Stellschraube. Hierauf stellt man zur Gewinnung einer freieren Einsicht nach dem Rachen die Blattebenen durch eine geringe Rotirung des Instrumentes horizontal.

Man nimmt nun letzteres in die linke Hand, zieht es behutsam hervor und führt mit der rechten Hand einen kleinen Kehlkopfspiegel ein.

Es ist nicht zweckmässig, wegen Vomituritionen oder Angst des zu Untersuchenden das Zäpfchen sogleich wieder

---

*) Dieses Instrument wird mit Rohr und Ringen aus Packfong genau nach meiner Angabe von dem hiesigen Instrumentenmacher **Thürrigl** (Alsergrund Nr. 205) zu dem Preise von 3 1/2 fl. öst. W. verfertigt.

loszulassen, da öfter durch Ausharren und Zureden Beruhigung erzielt wird.

Mitunter scheint ein starkes Rotiren des Kopfes erspriesslich zu sein, indem hierdurch für die eine Choane mehr Raum gewonnen werden kann.

Zur Untersuchung bei horizontal reflectirtem Sonnenlicht bediente ich mich öfter mit Vortheil eines grösseren, an meinen Beleuchtungsapparat angeschraubten, hinter und seitwärts meines Kopfes befindlichen Planspiegels (s. oben).

Um die linke Hand zur Regulirung der Beleuchtung u. s. w. frei zu bekommen, habe ich wiederholt mit gutem Erfolge das hintere Ende des Instrumentes in die Pincette einer zu diesem Behufe modificirten Kramer'schen Stirnbinde eingeklemmt.

Ich suchte die bisher gebräuchlichen Gaumenhaken dadurch zu verbessern, dass ich um dem Ausgleiten des weichen Gaumens möglichst zu begegnen, an dem verschmälerten Ende des Hakens einen quergestellten länglichen Wulst anbringen und die Haken so biegsam machen liess, dass man mittelst einer kleinen Zange nach Bedarf die Krümmung leicht ändern konnte.

Nach meinen bisherigen vergleichenden Versuchen scheint mir das Hervorziehen des Zäpfchens durch den Zäpfchenhalter oft besser zu gelingen, als jenes des weichen Gaumens auch durch solche modificirte Gaumenhaken. Selbst wenn sich der weiche Gaumen sammt dem völlig verkürzten Zäpfchen nach der hinteren Pharynxwand zurückzieht, kann man das Zäpfchen, zumal in Momenten von Relaxation mit dem Zäpfchenhalter fassen, während sich unter diesen Umständen die Gaumenhaken kaum anwenden lassen.

Ich versuchte auch, zwei an ihren Hintertheilen durch ein gekerbtes Mittelstück verbundene Gaumenhaken von verschieden grosser Krümmung durch die Pincette einer Stirnbinde festzuhalten. Diese Versuche sind jedoch an dem Umstande gescheitert, dass der Gaumenhaken sehr häufig nur in ganz bestimmten Richtungen und mit gleichmässiger oder nach Umständen wechselnder Kraft angezogen werden darf, wenn er den weichen Gaumen gehörig vorwärts ziehen und dieser letztere nicht entgleiten soll, dass aber beim Einklemmen in die Pincette einer Stirnbinde diesen Bedingungen nicht entsprochen wird.

Anders verhält es sich beim Zäpfchenhalter. Dieser braucht nicht in so bestimmten Richtungen nach vorwärts gezogen zu werden, auch entgleitet das Zäpfchen nicht wenn der Zug plötzlich nachlässt und daher lässt sich auch der Zäpfchenhalter oft recht gut mittelst einer Stirnbinde fixiren um dadurch, was von grossem Vortheil ist, eine Hand frei zu bekommen.

Ich liess mir endlich nach dem Principe des Heurteloup'schen Steinbrechers wirkende, ähnlich wie der Zäpfchenhalter zum Verschieben eingerichtete, mit gekerbten Blättern und einer Stellschraube versehene Instrumente zum Fassen und Hervorziehen des weichen Gaumens anfertigen (l. c. 15). Die Einklemmung des weichen Gaumens erregte jedoch häufig starken Husten, auch entsprachen sie in mechanischer Hinsicht nicht gehörig dem Zwecke.

Erklärung der Steindrucktafel.

Fig. I. stellt einen Durchschnitt durch den Kopf in der geraden, Fig. II. in der sehr stark nach rückwärts überbeugten Stellung dar. Die Köpfe sind in den bezeichneten Stellungen erst zum Frieren gebracht und sodann nahezu in der Medianebene durchsägt worden. Die Grundrisse der Zeichnungen wurden durch Nachzeichnen der Querschnitte auf darübergelegtes durchsichtiges Papier gewonnen.

    1—7. Halswirbel.
    O. b. Basilartheil des Hinterhauptbeines.
    S. Nasenscheidewand.
    P. d. Harter Gaumen.
    P. m. Weicher Gaumen.
    U. Zäpfchen.
    L. s. Oberlippe.
    L. i. Unterlippe.
    L. Zunge.
    T. Mandel.
    a. b. Knorpel des Kehldeckels.
    c. Winkel zwischen letzterem und dem Zungengrund.
    d. Innere Fläche des Kehldeckels.
    e. Wrisbergischer Knorpel.
    f. Spitze des Giessbeckenknorpels mit dem aufsitzenden Santorinischen Knorpel.
    g. Stimmfortsatz des Giessbeckenknorpels.
    f. g. h. Innere Fläche des Giessbeckenknorpels.
    i. musc. transv. und obliqui.
    k. r. Ringknorpel.
    l. Schildknorpel.
    m. Falsches Stimmband.
    n. o. Wahres Stimmband.
    p. Stimmritze (Glottis).
    q. Zungenbein.

$\alpha\alpha$-$\gamma\gamma$. Stellungen des Kehlkopfspiegels, wobei man sich selbstverständlich das Zäpfchen und den weichen Gaumen als durch den Rücken des Spiegels nach aufwärts gehoben, vorzustellen hat.